RO Willaschek • Bastard

RO Willaschek

Bastard

Werdegang eines Außenseiters

CHOORA

Das vordere Umschlagfoto zeigt
Vetter Otmar Rath und Roland Willaschek
1954 auf der Alteburger Straße im Kölner Süden

Erstveröffentlichung: Frühjahr 2018

Lektorat: Thomas Frahm, Duisburg
Buchgestaltung und Satz: CHORA Verlag

Gesamtprogramm des Verlages unter
www.choraverlag.de

ISBN 978-3-929634-84-6

Printed in Germany

FSC www.fsc.org
MIX
Papier aus verantwortungsvollen Quellen
Paper from responsible sources
FSC® C105338

Inhalt

Vorwort

Gäbe es nicht schon ein Buch von Bernt Engelmann mit dem Titel *Wie wir wurden, was wir sind*, das, 1980 erschienen, genau die Zeit beschreibt, die auch meinem autobiographischen Bericht zugrunde liegt, ich hätte exakt diesen Titel gewählt. Nur hätte ich das »wir« durch ein »er« ersetzt. Engelmann beschrieb die Nachkriegsjahre aus gesellschaftspolitischer Sicht. Ich hingegen tue es im vorliegenden Text aus der subjektiven Sicht des Zeitgenossen.

Um dennoch größtmögliche Distanz zu mir zu wahren, schreibe ich in der dritten Person Singular. Ich denke, so auch besser der Gefahr aus dem Weg gehen zu können, beschönigende Legenden zu stricken und Wunschdenken als reales Geschehen in meine Erinnerungen einzuweben. Dies auszuschließen ist aber von entscheidender Bedeutung, um den von starken Erlebnissen und Gefühlen geprägten Lebensweg eines Kindes von der Zeit der Flucht aus dem Osten bis zum letzten Schultag in Köln adäquat darzustellen.

Begonnen habe ich diesen Abriss meiner Kindheit, um Antworten auf Fragen zu erhalten, die immer im Raum standen, denen ich aber, aus welchen Gründen auch immer, bislang auswich. Doch mit jeder Frage, die ich mir beantworten konnte, tauchten neue Fragen auf.

Sollten Sie, der Leser oder die Leserin dieses Textes, jüngeren Jahrgangs sein, mag Ihnen die beschriebene Zeit vielleicht als kaum noch nachvollziehbar, ja, teilweise absurd erscheinen. Das ist kein Zufall: Es war eine Zeit der Verdrängung, begleitet von einer unfassbaren Dummheit, Brutalität und Verlogenheit.

Das Leben scheint eine Aneinanderreihung verpasster Gelegenheiten zu sein. Wie gern hätte ich meine Mutter und auch ihren Mann nach ihren Gefühlen und Ängsten, nach ihrer Sicht auf die Welt befragt. Verpasst! Beide liegen seit Jahren unter der Erde. Sie können nicht mehr Rechenschaft ablegen, nicht von ihren gewaltigen Existenzängsten berichten, nicht von ihren Konflikten in der neuen, völlig fremden Heimat erzählen, die nie so recht die ihre werden sollte; nicht von ihren Sehnsüchten nach einem besseres Leben, das sie irgendwann resigniert in ein Jenseits (bei ihrem Gott) verschoben haben, und nicht von ihrer Ohnmacht gegenüber dem »renitenten« Sohn, für den sie aus ihrer Sicht sicher nur das Beste wollten …

Ich wäre gern ihr Ghostwriter gewesen. Dann hätte ich jetzt drei Biographien vor mir liegen, die – zusammen – einer Wahrheit der kleinen Flüchtlingsfamilie sicher in höherem Maße entsprochen hätten. Aber ich bin mir sicher: Von Ottilie und Max Willaschek hätte ich wenig bis nichts erfahren von dem, was unter der Haut realer Existenz in ihnen und mit ihnen passierte. Sie hatten ja nie gelernt, eine eigene Meinung zu entwickeln, und auch nicht, ihren Gefühlen zu trauen, geschweige denn, diese zu äußern. Im sogenannten Dritten Reich dachte »man« für sie mit. Und später? War für Reflexionen kaum noch Zeit. Da ging es um die Erhaltung der nackten Existenz. Wie sagte Brecht so treffend: »Erst kommt das Fressen, dann kommt die Moral!« Als meine Eltern endlich Zeit *hatten*, wollten oder konnten sie nicht mehr. Seelisch ausgebrannt, haben sie nur noch – so konfliktlos es eben ging – ihr Restleben zuende gelebt, es vielleicht im Kleinen genossen, – immer mit ihrer sehr speziellen Vorfreude auf ein *ewiges Leben* im Himmel, bei ihrem *lieben Gott*.

Oer-Erckenschwick, im Frühjahr 2018 *RO Willaschek*

Erster Teil

Von allem zu wenig

(1946 - 1961)

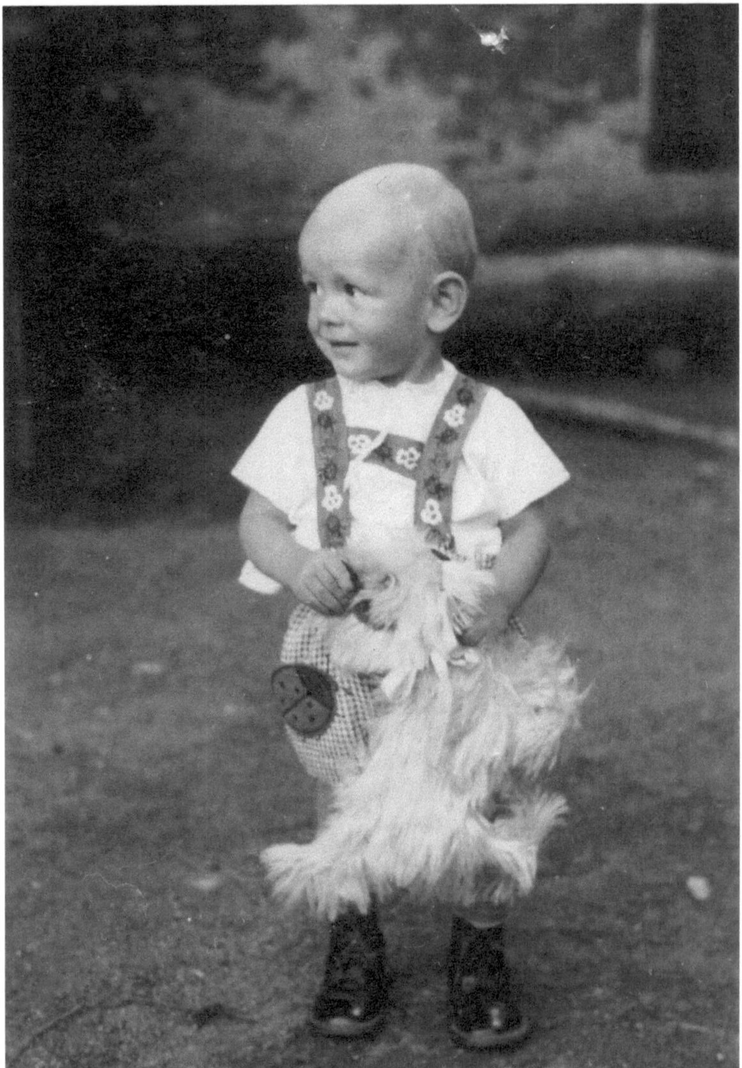

Roland 1947

Ostflüchtlinge

Potsdam – Berlin – Harz

RO Willaschek wurde am 6. Mai 1946 als Roland Ewald Starosziuk im völlig zerbombten Potsdam geboren. Seine Mutter Ottilie, kurz Otti genannt, war 1926 in Vatra Dornei, in der Bukowina Rumäniens, zur Welt gekommen. RO wird sie später »eine außergewöhnlich schöne und stolze Frau« nennen.

1940 war sie mit ihren Angehörigen aus den nordöstlichen Karpaten an der Grenze zur Ukraine zwecks Umsiedlung vertrieben worden. Man nannte diese von den Nazis völlig chaotisch organisierte Aktion *Heim ins Reich* – eine Aktion, die so genannte Reichsdeutsche erst nach Österreich, dann nach Polen (Warthegau) und schließlich in die ehemalige Residenzstadt Potsdam bei Berlin führen sollte. Ottilies Vorfahren stammten aus Czernowitz (Bukowina, heute: Černivtzi, Ukraine), aus Italien, der Walachei und Deutschland.

Rolands Vater, Stephan Maigut, war ein aus dem damals österreich-ungarischen Banat stammender Marineoffizier, dessen Vorfahren seit Generationen dem Schuhmacherhandwerk nachgingen. Maigut, geboren 1920 in Temesvar, (nach der rumänischen Okkupation 1921 in Timişoara umbenannt), sollte seinen Sohn nie kennen lernen. Wie es zum Zusammentreffen der Eltern kam, liegt im Dunkeln. Die Aussagen von Zeitzeugen sind allesamt widersprüchlich.

Roland (später nur RO genannt), der nach langer, vergeblicher Nachforschung durch das Suchwerk des Roten Kreuzes erst 1998 mit Hilfe seiner Tochter die Spur des Vaters im rumänischen Timişoara fand, kam zu spät. Stephan Maigut war bereits vor über zwanzig Jahren verstorben. Ein rumänischer Zeitzeuge beschrieb den Vater als Sonderling, als zynischen, scharfzüngigen, melancholischen

Einzelgänger, der aber im Kreis Gleichgesinnter mitunter unerwartet witzig sein konnte. Von Lydia, der Schwester Ottilies, die Stephan Maigut noch aus dem ersten Lager in Potsdam kannte, wurde er als charmanter und todesmutiger Mann beschrieben, der die Frauen zweimal vor Vergewaltigungen durch Soldaten der Roten Armee bewahrte und dabei angeblich sein Leben riskierte. Nach der einsilbigen Aussage der Mutter auf Rolands Fragen nach dem richtigen Vater lag dieser, ihr damaliger Verlobter, jedoch nur faul herum und las den ganzen Tag, während sie sich abrackerte. So einer wäre für sie natürlich als Ehemann nicht in Frage gekommen, und so hätte sie sich von ihm getrennt. Das Kind wollte sie allein zur Welt bringen und es in ihrem Sinn erziehen.

Resigniert nahm Stephan Maigut sich daraufhin zweier alter Frauen an, die in ihre rumänische Heimat zurück wollten. Er ging mit ihnen zu Fuß die ganze unglaubliche Strecke von Berlin bis nach Rumänien.

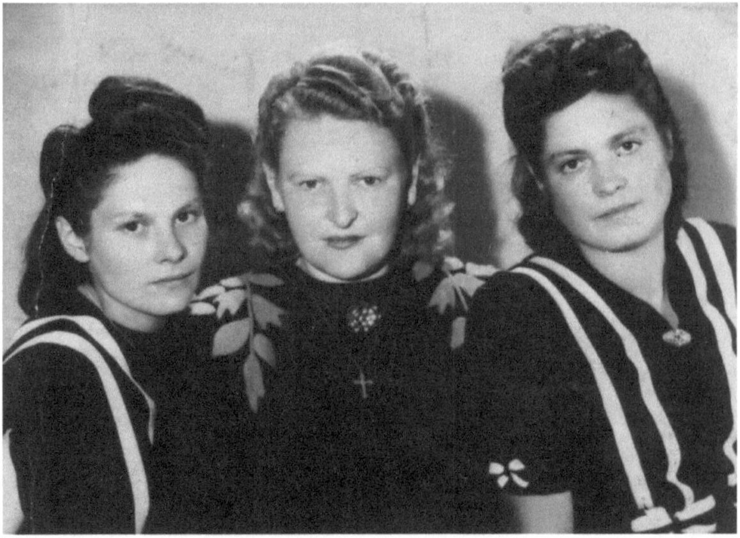

Mutter Ottilie mit Freundin und ihrer Schwester Lydia (v. l. n. r.)

Wilden und zähen Gerüchten zufolge war Stephan Maigut, obwohl NSDAP-Mitglied und ranghoher Reichsmarineoffizier, in Wirklichkeit ein Spion der Sowjets, während sein Zwillingsbruder Angehöriger der *Leibstandarte SS Adolf Hitler* und einer der letzten Kämpfenden in Berlin 1945 war und in letzter Minute nach Brasilien floh, wo er angeblich noch zwei Söhne zeugte.

Das Gerücht um die Spionagetätigkeit Stephan Maiguts bekam Nahrung durch mehrere Umstände: Erstens sprach und korrespondierte er perfekt russisch, was für einen ungarisch-rumänischen Erbfeind der Russen wohl äußerst ungewöhnlich war. Verdächtig war zweitens seine absurde Rückkehr in ein inzwischen von der Sowjetunion okkupiertes Land, in dem hohe Wehrmachtsoffiziere von stalinischen Volksgerichtshöfen verurteilt und entweder sofort standrechtlich erschossen oder ins Gefängnis gesteckt wurden. Ihm geschah merkwürdigerweise nichts dergleichen.

Nach Otti Willascheks Tod klärte Lydia Rath, die nun keinen Konflikt mit ihrer Schwester mehr zu befürchten hatte, ihren Neffen über Geschehnisse auf, die ihn direkt betrafen. So erfuhr er, dass Stephan Maigut seiner Mutter aus Rumänien über das Vormundschaftsgericht Köln zahlreiche Briefe hatte zukommen lassen. Er wollte seinen Sohn kennen lernen und dafür sorgen, dass dieser, wie er selbst, ein Gymnasium besuchen konnte. Woher wusste er aber, dass der Sohn auf einer Volksschule »fast vor die Hunde ging«, wie er in seinen Briefen immer wieder erwähnte? Später wollte er ihm eine Wohnung und ein Auto kaufen und vor allen Dingen ein Studium finanzieren. Die unglaublich sture und nur ihrem irrationalen Stolz gehorchende Frau lehnte brüsk ab und verbat sich weitere Briefe, die aber immer noch kamen und die sie, laut ihrer Schwester, ungelesen vernichtete.

Die Fragen, die sich für Roland nach dieser Aufklärung durch seine Tante stellten, waren: Woher hatte der Vater so viel Geld, und das im bitterarmen Rumänien? Stimmten womöglich die Gerüchte, die in Berlin über seine Spionagetätigkeit kursierten und die er vor einigen Jahren auch aus dem Munde rumänischer Zeitgenossen, also aus zwei weit entfernten Quellen, hörte? Nur so war ein Vermögen zu erklären, über das nur »verdiente« Parteibonzen verfügten. – Oder war das alles nur gelogen, um über den Sohn doch noch an die Mutter heranzukommen, die er nach Aussagen anderer unvermindert liebte?

Biographische Fälschungen und Legenden bis hin zu abschreckenden Schauermärchen waren ja in der damaligen Propaganda gang und gäbe. Die ganze Wahrheit wird Roland daher wohl nie erfahren, ebensowenig wie die tatsächlichen Hintergründe des Zerwürfnisses seiner Eltern.

Stephan Maigut hinterließ einen weiteren Sohn in Timişoara, der zum Vater keinen Kontakt hatte und ihn erklärt verabscheute, da er dessen Mutter, die eine gewisse Ähnlichkeit mit Rolands Mutter aufwies, verlassen hatte, als der Sohn gerade erst vier Jahre alt war.

Fotos des Vaters, die RO Willaschek von seinem Halbbruder erhielt, zeigen einen Mann, der aussah wie ein Zwillingsbruder des ebenfalls aus Czernowitz stammenden Lyrikers Paul Celan. Eine frappierend ähnliche Physiognomie mit dem spärlichen, glatt nach hinten gekämmten dünnen Haar, der hohen Stirn und dem frühe Glatzenansatz. Die ganz ähnliche Trauer in den großen schönen Augen berührte ihn.

Mit vier Jahren wurde Roland Starosziuk von Max Willaschek, einem deutsch-tschechischen Kriegsveteranen der Handelsmarine, den es nach kurzer Kriegsgefangenschaft in Italien nach Berlin verschlug, adoptiert und erhielt dessen Nachnamen. Max Willaschek heiratete 1950 die Mutter, die den unehelichen Sohn mit in die Ehe brachte, was damals noch ein nahezu undenkbarer Akt war. Uneheliche Kinder wurden oft als lästige Bastarde, Menschen zweiter

Klasse, behandelt, und eine Mutter ohne Mann oftmals als Flittchen oder Nutte tituliert – es sei denn, der Mann war im Krieg gefallen. Aber selbst in solchen Fällen zerriss man sich noch gern das Maul.

Mit dem neu in sein Leben getretenen Mann mit den zu engen Schultern und den ewig fettigen, unangenehm riechenden Haaren begann für den kleinen Roland ein nicht enden wollender Konflikt. Der Kleine, gewohnt, alleiniges Objekt der Liebe seiner Mutter zu sein, musste jetzt täglich mit ansehen, wie auch dem Fremden Zuneigung entgegengebracht wurde. Damit begann für ihn das, was man eine unglückliche Kindheit nennt.

Undeutlich erinnert sich RO an die ersten Jahre seines Lebens in Berlin. Nur wenige Bilder sind haften geblieben von dem Lager in Berlin-Zehlendorf, wo die Flüchtlinge mangels anderer Unterbringungsmöglichkeiten in uralten, ausrangierten Eisenbahnwaggons hausten, die durch graue Militärdecken in zwei oder drei »Familienwohnungen« aufgeteilt waren, in denen die Menschen in unglaublicher Enge und elenden sanitären Verhältnissen zu überleben versuchten. Darunter waren auch Ottilie mit Säugling Roland und die damals 46-jährige Großmutter Susanne. Deren Mann, ein Kosake, Architekt und Baumeister aus angeblich besseren Kreisen und zweiunddreißig Jahre älter als sie, war auf der erzwungenen »Heimreise« über Österreich in Richtung Posen bei Graz verstorben. Wie ein Kosake und seine Familie zu der »Ehre« kamen, als *Reichsdeutsche* geführt zu werden, bleibt ein Rätsel, das bis heute keiner beantworten kann.

Das Allernötigste zum Überleben erhielten die Flüchtlinge durch das Rote Kreuz und die berühmten CARE-Pakete aus Kanada und den USA. Rolands zwanzig Jahre alte Mutter besaß – wie Großmutter Susanne auch – einen eisernen Überlebenswillen. Sie konnte gut improvisieren und organisieren und ließ sich nie unterkriegen. Otti sollte dem Sohn viel später erzählen, wie sie in den Wäldern des Spreewaldes Holzmehl suchte, das die Spechte beim Hacken in den Baumlöchern hinterließen. Er, Roland, hätte durch dieses Babypuder aus der Natur nie – wie andere Kleinkinder – einen wunden Po gehabt.

In Rolands vager Erinnerung an die Berliner Jahre tauchen dennoch Tage auf, an denen ihn der Hunger plagte, an Bombentrichter, an deren Rändern er mit anderen Kindern spielte, und deren Böschungen man hinunterrutschen konnte. Er sieht noch das glänzende Feuerwehrauto aus knallrot bemaltem Dünnblech vor sich, nicht größer als eine Zigarettenschachtel, das er wild begehrte und einem anderen Kind wegnahm, um damit wie ein Wiesel in den Trümmern zu verschwinden. Dieser erste Diebstahl in seinem Leben schlug aber fehl. Großmutter Susanne lief hinter ihm her, verabreichte ihm einige saftige Ohrfeigen und brachte das Spielzeug dem heulenden Kind zurück.

Mit dem Auftauchen Max Willascheks, damals dreiundzwanzig Jahre alt, träumte Roland einen furchtbaren Alptraum, der sich in fast regelmäßigen Abständen bis in die späten 1960er Jahre wiederholte, und aus dem er jedes Mal schreiend und nassgeschwitzt erwachte. In diesem Traum tanzte seine Mutter glücklich und laut lachend (wie er sie bisher nie erlebt hatte) mit einem fremden Mann im Kreis um einen rot glühenden Rundofen herum. Sie hielten sich dabei an den Händen. Der Fremde war Metzger. In seinem Gürtel vor dem dicken Bauch stak ein ungeheures Schlachtermesser, das für den Jungen nichts Gutes verhieß.

In den Berliner Erinnerungsfetzen tauchen US-amerikanische Sherman-Panzer, Jeeps und dunkelhäutige Soldaten auf. Er muss, laut späterer Aussage seiner Mutter, an den schwarzen »Amis« einen Narren gefressen haben – und die ebenso an ihm. Roland bekam so einmal von einem *black man* einen dunkelgrünen Blechjeep der deutschen Spielzeugfirma GAMA geschenkt, der sein ganzer Schatz wurde.

Der Jeep war in der Erinnerung fast so groß wie ein Schuhkarton und mit drei Soldatenfigürchen besetzt. Man konnte ihn aufziehen und sogar lenken.

Oft beschenkten ihn die amerikanischen GIs mit Süßkram und Kaugummis aus den USA, die er, ohne etwas davon anzurühren, nach Hause brachte. Der Löwenanteil wurde von Großmutter Susanne verzehrt, die keine Skrupel hatte, sie dem Kind wegzuessen. Sie, die 1901 unter dem Mädchennamen Stephanie in den Wäldern der Karpaten geborene, resolute und zuweilen sehr harte, strenge Frau war das fünfte von secchs Kindern und hatte gerade den Weltkrieg (den zweiten in ihrem Leben) und die Vertreibung aus ihrer Heimat hinter sich. Sie verlor im Warthegau, auf dem Weg nach Posen, nach dem Tod ihres Mannes auch die zwölfjährige Jenny, ihre behindert zur Welt gekommene jüngste Tochter ... Das schöne, äußerst geräumige Haus im historistischen »Zuckerbäckerstil«, gelegen inmitten dichten Waldes bei Vatra Dornei im Süden der Bukowina, musste sie zurücklassen.

Großmutter Susannes Enkel Otmar, Tante Lydias ältester Sohn und Roland begaben sich 1965 auf die Spuren ihrer Vorfahren und fanden das völlig heruntergekommene Anwesen tatsächlich wieder. Drei (oder mehr?) Roma-Familien hausten mit ihrer großen Kinderschar und einigen Pferden darin. Die ehemalige Schönheit des Hauses war nur noch zu erahnen.

Susanne Starosziuk kam nach der Flucht mit ihren zwei Töchtern Lydia und Ottilie über Posen schließlich in einem der Auffanglager in Potsdam an. Dort holte sie 1945 die sowjetische Armee ein, vor der sie aus dem Warthegau geflohen war ...

Lydia Starosziuk blieb nicht lange in Potsdam. Sie zog nach Hamburg, um dort ihr Glück zu versuchen. Susannes einziger Sohn Michael, der Angehöriger der Waffen-SS gewesen war, landete unbeschadet über Umwege in Köln und bekam durch Zufall (oder alte Nazi-Seilschaften?) sofort Arbeit. Sein ursprüngliches Vorhaben, sich, wie es so viele seiner alten Kameraden taten, in die Fremdenlegion einzuschreiben, gab er dafür auf. Großmutter Susanne mit Tochter Ottilie und dem im Mai 1946 geborenen Roland wechselten im selben Jahr noch von Potsdam ins Lager Zehlendorf im Westen Berlins.

Susanne überlebte all die Schicksalsschläge offenbar nur durch aufgesetzte Härte und eine sehr spezielle Art von Humor, den sie bis zu ihrem Lebensende in hohem Alter behielt. Sie war die einzige in der Familie, die über sich selbst lachen konnte. Dieser »Fels von Frau« passte im Lager tagsüber auf das Kleinkind auf, während die junge Mutter für ein wenig Handgeld, Kartoffeln und etwas Gemüse bei den Landwirten auf den Feldern um Berlin arbeitete.

Der neue Mann an der Seite der Mutter verschwand nun für einige Zeit aus dem Leben Rolands, um in Köln eine Arbeit anzutreten, die der Schwager Michael Starosziuk ihm vermittelt hatte, und um in der zerbombten Stadt eine Bleibe für die Familie zu suchen. Rolands Welt schien so fürs Erste wieder in bester Ordnung.

1950 verließ man das Flüchtlingslager und flog mit einer zweimotorigen DC 3, dem berühmten Rosinenbomber, von Berlin-Tempelhof nach Hannover. Roland war viereinhalb Jahre alt. Während des Fluges wurde ihm übel, er musste sich übergeben. Der Co-Pilot des Flugzeuges, ein riesengroßer schwarzer GI, nahm ihn mit ins Cockpit und setzte ihn sich, während er die »spannenden« Instrumente bediente, auf den Schoß und erzählte, pausenlos lachend, von Dingen in einer Sprache, die der Kleine nicht verstand. Aber das spielte keine Rolle. Der kleine Roland war hin und weg von dem Mann, den vielen blinkenden Instrumenten und von der Welt, die er von oben betrachten durfte. Während des gesamten Fluges saß das Kind auf dem Schoß des Co-Piloten und ließ sich dabei mit sandiger Cadbury-Schokolade verwöhnen. Die anfängliche Übelkeit war einem nicht endenwollenden Staunen und totaler Begeisterung gewichen.

Großmutter, Mutter und Enkel flogen nach Hannover, um in der Nähe von Braunlage im Harz für über ein halbes Jahr bei Großonkel Franz zu bleiben, der bei einer Kriegerwitwe, »der dicken, aber ungemein herzigen Tante Frieda« (RO) und ihren zwei fast erwachsenen Kindern hängen geblieben war. Sie bewirtschafteten (bis an ihr Lebensende) gemeinsam einen kleinen Bauernhof.

Die Zeit bei Onkel Franz und Tante Frieda diente als Zwischenstation für Mutter und Kind, derweil Max Willaschek, der einen Job als Hilfsarbeiter in Köln bekommen hatte, verzweifelt nach einer Wohnung in der völlig zerstörten Stadt suchte. RO hat die Zeit im Harz als eine glückliche und sehr freie Zeit in Erinnerung. Es gab gut und genug zu essen – und das Wichtigste: Der Mann seiner Mutter war weg. Er hatte endlich seine über alles geliebte Mama für sich allein.

Der Hof von Tante Frieda und Onkel Franz lag an einem größeren Bach, in dem sich Flusskrebse und Forellen tummelten, die er stundenlang fasziniert beobachtete. Der kleine Junge liebte den dunklen Wald, der hinter dem Bach steil aufstieg, und in dem er Hexen, Zwerge und Zauberer vermutete. Seltsamerweise hatte er vor ihnen auf seinen verbotenen Streifzügen keine Angst. Er spürte eher eine Verwandtschaft mit den Wesen des Waldes und rief nach ihnen, allerdings vergeblich. Auf dem Hof gab es Katzen, Hunde, Hühner, drei Kühe und ein Kälbchen. Ein uraltes, verzotteltes Pferd liebte er besonders, und er verbrachte Stunden mit ihm auf der Weide. Einzig einem kampflustigen Truthahn ging er lieber aus dem Weg.

Besonders schön war die Winterzeit im verschneiten Harz. Seine überaus sportliche (und damals noch ziemlich wilde) Mutter war eine leidenschaftliche Skiläuferin und jagte mit ausgeliehenen Brettern die Pisten bei Braunlage hinunter, während der kleine Junge unter der Aufsicht von Onkel Franz mit dem Schlitten fuhr. Dann stellte die Mutter den Fünfjährigen hinter sich auf die Bretter. Er umklammerte ihre Beine, und schon ging es mit Karacho den Abhang hinunter. Das war zwar gefährlich, aber unvergesslich schön für den Jungen. Er quietschte während der Abfahrten nur so vor lauter Vergnügen. Mutter und Sohn wurden *die* Attraktion unter den Ski-Touristen und Wintergästen, die es damals schon vereinzelt wieder gab. Ein Regionalblättchen berichtete mit Foto darüber.

Weiter nach Köln

Die riesige, fauchende und schnaufende Dampflokomotive, die den ganzen Bahnhof zum Erbeben brachte, faszinierte den kleinen Roland mächtig. Sie zog die Waggons, in denen Großmutter, Mutter und Sohn auf den harten Holzbänken der dritten Klasse Richtung Köln fuhren, einer Stadt, die noch größtenteils in Schutt und Asche lag. Die winzige Wohnung, die Max Willaschek aufgetrieben hatte, befand sich in Klettenberg, im Südwesten Kölns. Für Roland brach eine Welt zusammen: Wo waren die Tiere, der Bach, die Wälder und der geräumige Hof, in dem man sich austoben konnte? Eingetauscht gegen zwei »Löcher« zur Untermiete in einem heruntergekommenen, im damaligen Volksmund »Schloss Pipi« genannten Haus inmitten einer Trümmerlandschaft.

Er erinnert sich – es war gegen Ende des Winters – noch genau an den penetranten Gestank nach verbrannter Kohle aus den Öfen der Haushalte und die damals noch fürchterlich qualmenden und stinkenden LKW-Abgase. Einzig das kinderlose Vermieter-Ehepaar Röptig, beide um die sechzig, faszinierte den Kleinen. Die fürsorgliche ältere Dame versorgte ihn vom ersten Tag an mit *echtem* Kaffee – der sehr frühen Leidenschaft Rolands – und zeichnete sich durch den typisch rheinischen Humor aus, der für den Knaben anfangs zwar fremd war, den er aber schnell sichtlich genoss und dann – wie auch den kölschen Dialekt – zu kopieren versuchte.

Die Großmutter zog zu ihrer anderen Tochter, Lydia, die es nach dem kurzen Aufenthalt in Hamburg ebenfalls nach Köln verschlug. Ottis Schwester verehelichte sich mit einem – wie RO damals meinte – sehr interessanten und stattlich aussehenden Kölner, Heinz Rath, und bezog mit ihm eine große Wohnung im Kölner Süden.

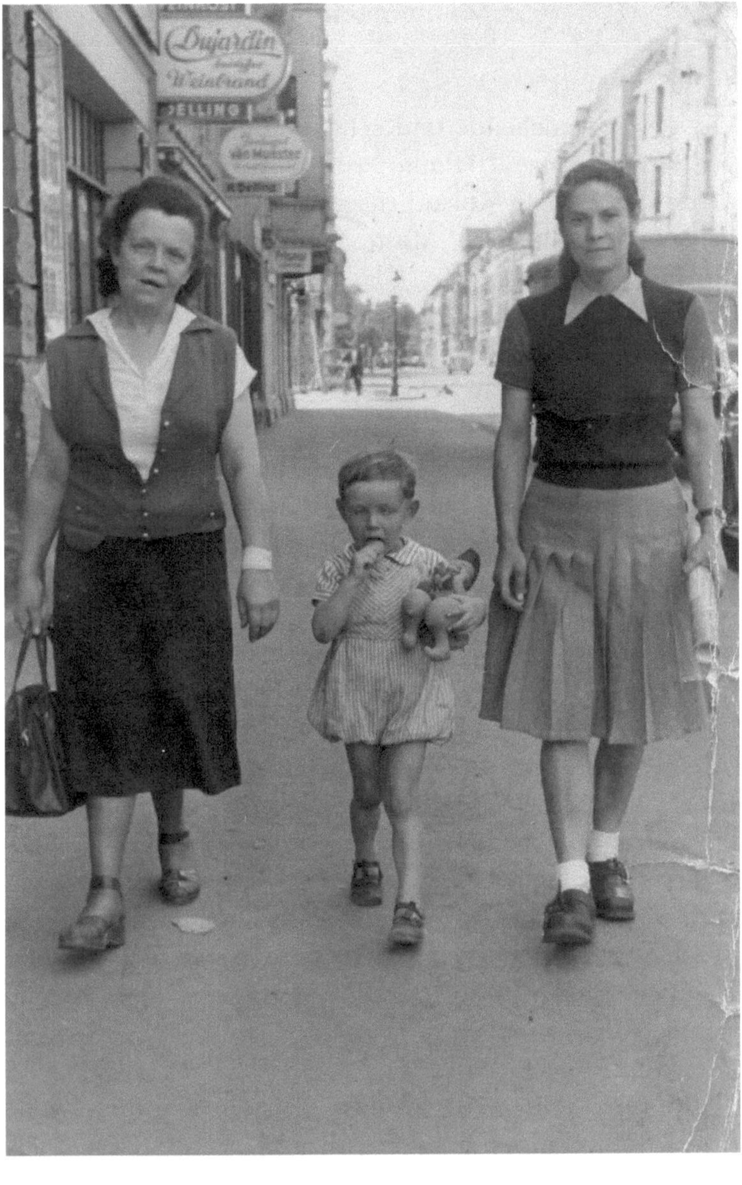

Frau Röptig, Roland und Mutter

Durch die unerträgliche Enge und Geldnot waren die Eltern permanent gestresst und übernervös. Die einst so aparte Mutter erschien immer ausgezehrter, wie man auf den alten Fotos sehen kann. Max hatte auf dem Bauhof des Kölner Bauriesen Hochtief AG einen Hilfsarbeiterjob angenommen und verdiente zu wenig, um eine Familie davon zu ernähren. Er war gelernter Schiffsbauschlosser, aber die Werften waren zerstört und so gab es noch keine Arbeit in diesem Bereich, zumindest bemühte er sich nicht groß darum. Er begann schließlich eine Ausbildung zum Betriebsschlosser, was die finanzielle Situation noch verschlimmerte, da er als Lehrling praktisch nichts verdiente. Hinzu kam, wie RO erst sehr viel später erfuhr, dass der hochfromme und sittenstrenge Max für eine »Verfehlung« in Berlin Alimente zahlen musste. Rolands Mutter sah sich gezwungen (auch wegen der Alimente), putzen zu gehen. Bei »Herrschaften«, wie es damals hieß. Sie ernährte in der dreijährigen Lehrzeit ihres Mannes die Familie praktisch allein. Der Junge erlebte seine Mutter nur noch abends, entnervt und körperlich ausgelaugt. Für die eh schon reduzierte Zuwendung gegenüber dem Kind hatte die Mutter weder Zeit noch Nerven, da sie abends noch den Haushalt erledigen und für das Essen sorgen musste. Dass auch Männer im Haushalt helfen können, hatte sich damals noch nicht herumgesprochen, und so hielt auch Max Wilaschek sich nach der Rückkehr von der Hochtief AG vornehm zuück und ließ sich bedienen.

Dem Kind tat die Mutter, die er als schöne, fröhliche und sehr stolze Frau kannte, unsagbar leid. Wie hatten die schweren Umstände sie nur verändert! Um sie zu entlasten, sorgte er später, nach der Schule, allein für sich, kochte meist die heiß geliebten Rindfleisch- oder Linsensuppen aus den damals noch viereckigen MAGGI-Schächtelchen, angereichert mit einem der »unerreicht köstlichen« Knoblauchwürstchen aus der Metzgerei Reuter, die genau auf der Straßenseite gegenüber lag, oder er schmierte sich geröstetes Brot, belegt mit dünn geschnittenem fetten Speck und einer ordentlichen Schicht zerquetschtem Knoblauch mit ein wenig Salz. Seiner frühen Vorliebe für Knoblauch verdankte der Knabe seinen Spitznahmen »Möffi, das Geruchsgespenst«, mit dem er später in der Schule oft, aber selten ungestraft, aufgezogen wurde. Das Kind putzte den riesigen Eisenherd spiegelblank, der mit Papier und Holz, dann mit Kohle »gefüttert« wurde, schleppte den Müll vier Treppen hinunter zu den Mülltonnen und bohnerte mit erbärmlich stinkendem Wachs den Linoleumfußboden. Dann erst ging es zu den Kameraden spielen, in die Trümmer, oder zum Fußball auf die Straße. Von der Mutter erhielt er für seine Hausarbeit, wie er sich erinnern kann, nie ein Dankeschön oder ein »Das hast du aber gut gemacht«.

Er wurde zum Schlüsselkind. Viele Kinder waren damals tagsüber sich selbst überlassen und liefen mit einem großen, auf eine Kordel aufgefädelten Bartschlüssel um den Hals herum.

Der obligatorische Knüppel

Materiell und seelisch war es für Roland eine Zeit des Mangels. Der materielle Verzicht war offen sichtbar durch die teilweise selbst geschneiderte, potthässliche Kleidung, die er zu tragen gezwungen war. Die beklemmende Wohnungssituation wäre vielleicht für den Jungen erträglich gewesen, hätte nicht der weitaus größte Teil seiner Mitschüler aus Kindern der gehobenen Mittelschicht und auch einigen sehr Reichen bestanden, die den sozialen Unterschied durch herablassende Arroganz gegenüber Schlechtergestellten markierten, ja, dies »mit fast sadistischer Lust« auskosteten. Roland lernte schnell: Auch Kinder können grausam sein und schuldig werden. Ihre seit der deutschen Romantik gern beschworene Reinheit und Unschuld hielt er schon bald für … ein romantisches Märchen.

Die Schulen waren damals strikt nach Konfessionszugehörigkeit getrennt. So kam es, dass Roland im evangelischen Teil auf der Sonnenseite der Manderscheider Schule seine Zeit verbringen durfte, während »die Katholen« auf der schattigen Rückseite in dunklen Klassenräumen saßen. Die katholische Schülerschaft rekrutierte sich vorwiegend aus dem sozial schwächeren Milieu des alten Stadtteils Sülz; das benachbarte, relativ junge Klettenberg, in dem die Willascheks im *Schloss Pipi* hausten, war hingegen vorwiegend protestantisch und zeichnete sich durch eine mittel- und hochmittelständische Bevölkerung aus. Die »Religionskämpfe« auf den Schulhöfen zwischen »Evangelen« und »Katholen«, sprich: die ständigen Massenschlägereien zwischen »Arm und Reich«, in denen der junge und wilde Roland oft involviert war, offenbarten den ganzen Unsinn einer abstrusen Trennung nach Taufschein.

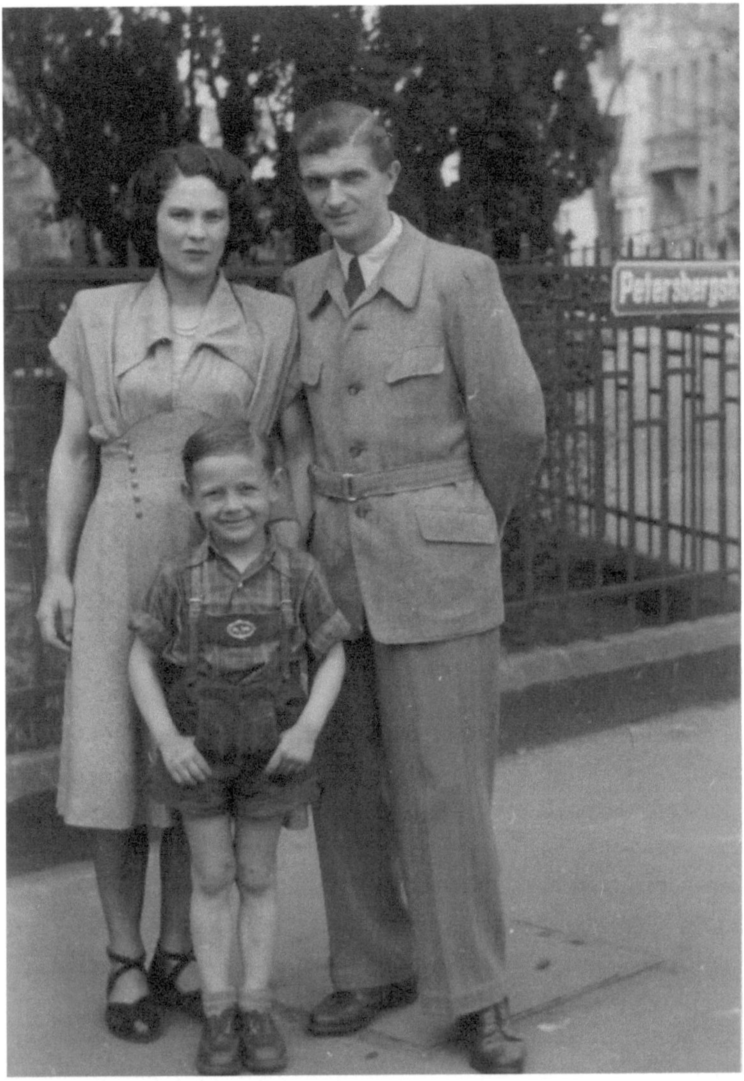

Otti, Max und Roland 1953

Physische und psychische Gewalt waren damals auch sonst an der Tagesordnung, garniert von Bigotterie (nicht nur bei Rolands Eltern) und Verlogenheit. Die Zeit vor 1945 wurde entweder verklärt, verdrängt oder schlicht vergessen. Den Flüchtlingen aus dem Osten wurde sogar im als tolerant geltenden Köln eine Integration massiv erschwert. Die meist bitterarmen Leute, die ihre Heimat hatten verlassen müssen, galten als Menschen zweiter Klasse. Sie wurden abschätzig als *Pimocken* beschimpft.

Diese erniedrigenden Erfahrungen prägten die Einstellung der Mutter, die sich bis zu ihrem Lebensende im Jahr 2007 aufopfernd für Flüchtlinge einsetzte und sogar Heinrich Böll mehrmals erfogreich für ihre Sache einspannte. 1994 erhielt sie für ihren Einsatz das Bundesverdienstkreuz, was sie erst – stolz und eigenwillig wie sie war – ablehnen wollte. Der rheinischen Mentalität und »kölschen Toleranz« konnte Ottilie Willaschek bis zum Schluss nichts abgewinnen. Sie hielt das alles für albern und verstand die »Blechvergabe« aus der Hand des Kölner Oberbürgermeisters fast als eine Beleidigung.

Die Ost-Flüchtlinge blieben lange Zeit Außenseiter und standen einer fast geschlossenen Gesellschaft gegenüber, zumal sie meist evangelisch waren in einer nahezu ausschließlich katholischen Umgebung. Auch von dem, was bald nach dem Krieg *Wirtschaftswunder* hieß, profitierten die meisten der Flüchtlinge nicht, besaßen sie doch weder Kapital noch die nötigen Verbindungen. Die übertriebene Bescheidenheit vieler Flüchtlinge, die eine ebenso ungesunde wie unerklärliche Angst vor allem Unbekannten und Neuen evozierte, sah für den Nachwuchs die damals übliche Volksschule mit anschließender Lehre vor. Das betraf auch die Willascheks. Kultur und Bücher waren überflüssiger Luxus für Reiche, Bildende Kunst gar eine grobe Sünde der »fehlgeleiteten« Katholiken, die offen gegen das Gebot »Du sollst dir kein Bildnis machen« verstießen.

Rolands Erziehung bestand ausnahmslos aus kleinbürgerlichen Phrasen wie »So etwas sagt/tut man nicht!« oder »Was sollen die anderen Leute über uns sagen?« und passenden Bibelzitaten: »Wer seine Rute spart, der hasst seinen Sohn ...« Diese Sprücheklopferei wurde fleißig unterstützt durch Prügel. Rolands Stiefvater benutzte dazu den Knüppel aus Hartholz, den seine Mutter zum Einstampfen der Kochwäsche in den riesigen Kessel benutzte. Das ging ein- bis zweimal in der Woche so, bis der Vierzehnjährige schließlich in ohnmächtiger Wut den Stiefvater, wild auf ihn einschlagend, durch die Küche jagte. Er schlug ihm das Gesicht blutig und trat ihn am gesamten Körper. Der spindeldürre, aber durchtrainierte Junge hätte den Mann, der ihn so oft gequält und erniedrigt hatte, fast totgeschlagen. Roland wäre es im Moment der Wut egal gewesen. Die Mutter floh heulend ins Nebenzimmer. Sie erwähnte diesen Vorfall nie mehr, ebenso wenig der Stiefvater. Roland schnappte den verhassten Knüppel und warf ihn in hohem Bogen durchs Fenster hinaus. Ab da hatte er vor dem »Schläger« seine Ruhe. Stolz auf sich war er danach aber keineswegs. Vielmehr quälten ihn wieder einmal die tief sitzenden Schuldgefühle.

Ottilie spielte bei all dem eine merkwürdig ambivalente Rolle. Einerseits liebte sie (wie sie erst viel später oft sagen sollte) das Einzelkind; anderseits war sie dem Stiefvater sklavisch ergeben durch eine fast irrationale Dankbarkeit dafür, dass er sie mit einem fremden Kind – einem Bastard – geehelicht hatte. Was sie dabei vollkommen verdrängte, war, dass dieser Edelmut Max Willaschek nicht im Mindesten daran hinderte, eine uneheliche Tochter in Berlin zurückzulassen, ohne sich je um sie zu kümmern. Bei Auseinandersetzungen stand seine Mutter ausschließlich auf der Seite ihres autoritären Gatten. Dies sollte sich erst später, als ihr Sohn erwachsen war, ändern. Nur half es dem Jungen nicht mehr, der wiederum nie versuchte, die Mutter gegen den Stiefvater auszuspielen, was sicherlich ein Leichtes gewesen wäre. Er zog sich vielmehr in sich zurück und akzeptierte die Zweisamkeit der Eltern als eine unantastbare Einheit mit ihm als Anhängsel. Nie verließ ihn die bange, schuldbewusste Frage: Haben die Eltern womöglich Recht und er ist tatsächlich so nichtsnutzig und bösartig, wie sie ihn darstellen?

Volksschule

Die Volksschule am Manderscheider Platz in Köln-Sülz, in die er ein knappes Jahr nach der Ankunft in der Domstadt gesteckt wurde, war für Roland »ein Hort geistiger Verwesung«, wie er es später nannte, dazu angetan, die Schüler zu domestizieren und jeden kritischen oder freien Gedanken der Schutzbefohlenen im Keim zu ersticken. Dabei fing alles so gut an: 1951 wurde er eingeschult und erhielt eine junge, blond gelockte Lehrerin: Frau Kramer. Sie liebte Kinder, was er sofort registrierte – und sie schloss den kleinen Roland sogleich in ihr großes Herz, wie er glaubte. Der Junge war entzückt von ihr und folgte ihrem Unterricht mit aufmerksamem Interesse. Sie lachte gern und viel mit den Kindern und sang mit ihnen pausenlos Volkslieder, las den Erstklässlern Gedichte vor oder erzählte Geschichten, die den kleinen Roland faszinierten und ihn jedesmal in den Bann zogen.

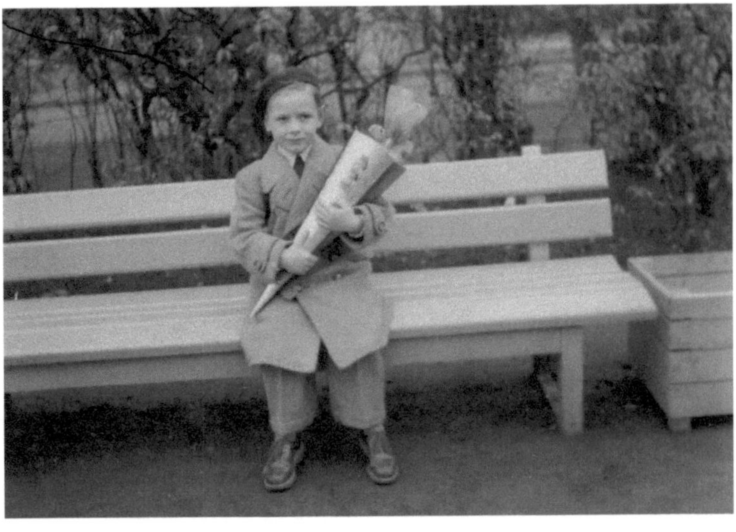

Erster Schultag 1952

Doch das Ende der schulischen Glückseligkeit des Knaben kam jäh: Eine schulärztliche Untersuchung erbrachte bei ihm den Verdacht auf eine Hilusdrüsenerkrankung, eine beginnende Tuberkulose. Die Nachuntersuchung bestätigte den Befund. Roland galt als ansteckend und musste mit zwei weiteren betroffenen Schülern umgehend die Schule verlassen.

Als er nach einem Jahr strengster Ruhe und Einnahme von Unmengen Butter und Medizin wieder die erste Klasse betrat, erwartete ihn eine böse Überraschung: Die geliebte Frau Kramer war weg. Sie war in eine neu erbaute Schule versetzt worden.

Statt der stets freundlichen und fröhlichen Frau Kramer empfing ihn in der Klasse eine mürrische alte »Hexe«, wie dem Märchenbuch entsprungen: Unförmig, krummnasig und mit abstoßendem Gesicht. Eine dicke Warze auf dem linken Jochbein vervollständigte das Bild. Sie bellte den Unterrichtsstoff in Feldwebel-Manier herunter, keifte und meckerte immerzu. Die Abneigung beruhte von Beginn an auf Gegenseitigkeit. Im Zweikampf zwischen der »Hexe« und ihrem »Opfer« wusste letzteres sich aber durch Aufsässigkeit zu wehren.

Dort, wo es sich lohnte, war Hedwig Winkler aber ganz anders: Ihre erklärten Lieblinge waren die fein gemachten Mädchen aus der Upperclass. Diese erkauften sich ihren Schulerfolg permanent durch Geschenke wie Pralinen oder Obst, machten sich auf jede Weise bei ihr »lieb Kind«; so nannte man damals vornehm das Einschleimen. Roland fand das mehr als nur entwürdigend. Sein früh entwickelter Gerechtigkeitssinn stand jeden Tag aufs Neue vor einer harten Probe. Bei dem, was er täglich an Schleimerei und Bevorzugung mitbekam, hätte er am liebsten gekotzt oder dreingeschlagen. Er begann, mit der Lehrerin die Schule zu hassen. Drei Jahre später folgte ihr eine mindestens ebenso dummdreiste Unperson. Sie war zwar im Gegensatz zu ihrer Vorgängerin eine sehr junge und auch schöne Frau, aber, genau wie die alte Winkler, voll und ganz durchdrungen vom Geist der Nazizeit: Zucht durch psychische Gewalt und bedingungslose Konformität. Rolands Hass auf Duckmäusertum der und vor der Lehrerschaft sollte sich erst ab dem sechsten Schuljahr zu einem erträglichen Maß abmildern, als Karl Faigle die Klasse übernahm, ein Lehrer, dessen natürliche Autorität der Junge akzeptierte. Faigle verabreichte dem renitenten Jungen gleich in der ersten Stunde eine saftige Backpfeife, die er – wie er einsah – tatsächlich verdiente.

Karl Faigle war bekennender Sozialist und Pazifist, ging auf Fragen der Schüler ein, ließ sie diskutieren und hatte ein äußerst kritisches Verhältnis zur Gesellschaft und vor allen Dingen zur Nazi-Vergangenheit.

Das war etwas ganz Anderes als die beiden Lehrerinnen zuvor, die ihre Ausbildung merklich in der Nazizeit genossen hatten und mehr oder weniger bewusst die kleinen Menschen in diesem Sinne zu verformen und zu verbiegen trachteten. Waren sie Opfer oder Täter? Oder vielleicht beides?

RO Willaschek gibt zu: Roland war als Schüler renitent, impertinent, vorlaut, subversiv, aggressiv und streitsüchtig, was ihm auch auf fast allen Halbjahres-Zeugnissen seiner Schule in Sülz schriftlich bestätigt wurde. Die Zeugnisse hat RO als »surreale Reliquien« bis heute aufbewahrt und sie in den 1990er Jahren in einer Fotosequenz künstlerisch und großformatig verarbeitet.

Der Junge schwankte damals zwischen Größenwahn und Minderwertigkeitskomplexen. Im etikettensüchtigen Heute würde man mit so einem Kind vielleicht eine bipolare Störung oder ADHS (Aufmerksamkeitsdefizitsyndrom) attestieren. Seine Zeugnisnoten waren jedenfalls seinem Verhalten entsprechend äußerst bescheiden, aber nie so schlecht, als dass er eine Klasse hätte wiederholen müssen. Erträgliche Noten hatte er durchgehend nur in Aufsatz, Geschichte, Religion und Kunst; oft auch in Erdkunde. Erst in den letzten drei Jahren unter Klassenlehrer Karl Faigle verbesserten sich seine Noten. Schließlich wurde er sogar Klassenprimus, ohne – wie er behauptet – sich jemals angestrengt zu haben. Er habe dem Lehrer, den er sehr mochte, einfach nur gern zugehört. Mit Lob, das er von zuhause kaum oder gar nicht kannte, konnte er in der Schule nicht gut umgehen. Wenn er für eine Arbeit in Kunst oder, seltener, einen Aufsatz gelobt wurde, reagierte er irritiert und misstrauisch, ja sogar feindselig.

Er kann sich nicht daran erinnern, dass seine Eltern jemals seine Hausaufgaben durchgesehen hätten. Dafür gab es vom Stiefvater jahrelang mit absoluter Sicherheit eine Tracht Prügel am Tag der Zeugnisausgabe.

Große Schwierigkeiten hatte der Junge mit der Sprache. Das von den Eltern gesprochene und bis zuletzt fehlerhaft geschriebene rumänisch-deutsche und tschechisch-deutsche Kauderwelsch, das Fehlen von Büchern und Zeitungen im Haus sowie das anfangs völlig unverständliche Kölsch, das die Kinder in der Schule und auf der Straße sprachen, ließ ihn früh zu einem Beinahe-Legastheniker werden; milieubedingt fiel dies aber keinem groß auf.

Ein großes Problem für den Kleinen war seine äußere Erscheinung, denn er war trotz allem ziemlich eitel. Er musste noch lange nach dem Krieg Klamotten aus selbstgeschneiderten Stoffresten tragen, die geschmacklich eher in die Vorkriegszeit passten, später Sonderangebote von Woolworth und vom *Billigen Leo* – einem Laden auf der Luxemburger Straße, der mit ausgemusterten Militär-Textilbeständen aus Polen, der Ukraine und Russland handelte. So konnte Gott und die Welt ein Flüchtlingskind schon von weitem erkennen; es wurde sofort »Pimok« gerufen.

»Hauptsache sauber und ordentlich« war das Motto der Mutter, »und anständig angezogen, um nicht unangenehm aufzufallen!« Nur hatte sie sich da mächtig getäuscht, denn genau das erreichte sie mit ihrer Art, das Kind zu kleiden. Der Kleine musste – wie ein Hitlerjunge – mit einem wie mit dem Beil gehauenen Seitenscheitel herumlaufen. Das widerspenstige Deckhaar wurde mit einer dämlichen Haarklammer nach hinten gebändigt. So schickte die junge Mutter ihren Sohn mit Seppelkleidung inklusive Seppelhut mit Feder oder mit Woolworth-Klamotten, Schirmmütze und dicken Wanderschuhen in eine Schulklasse, in der Rollkragenpullover, Ringelsocken, flache helle Turnschuhe und Blue Jeans angesagt waren und machte ihn damit zum Gespött aller.

Eine wichtige, vielleicht sogar die wichtigste Rolle in diesen frühen Jahren spielte bei Roland die Musik. Ungefähr mit neun oder zehn Jahren entdeckte er im Keller des Tersteegenhauses der evangelischen Kirche, in die er jede Woche in die CVJM-Jungschar ging, ein altes, schwarzglänzendes, aber tadellos gestimmtes Klavier. Sofort begann er darauf seine ersten, noch unbeholfenen Improvisationen zu klimpern, die freiwillig oder unfreiwillig auf den späteren Free-Jazz vorauswiesen. Mit Genehmigung des kinderfreundlichen Pfarrers Boysen, der oft auch zuhörte, durfte er immer einmal die Woche für eine Stunde lang vor dem Treff mit den anderen Jungs das Klavier malträtieren, ohne die geringste Ahnung von Noten oder Harmonielehre zu haben. Sein Freiheitsdrang konnte sich hier ungehindert entfalten. Zudem entdeckte er mit diesem Instrument etwas, das er damals nicht bezeichnen konnte: ein Mittel, um sich auszudrücken.

Nach einem Sonntagsgottesdienst zitierte der Pastor die ahnungslosen Eltern zu sich und schwärmte im Beisein des Jungen über dessen »unglaubliche« Begabung. Er drängte Otti und Max, sie sollten um Gottes Willen den Knaben Klavierunterricht nehmen lassen. Das Klavier würden sie von der Gemeinde geschenkt bekommen, da es sowieso nur im Wege stehe. Aber wohin mit einem Klavier in zwei hoffnungslos vollgestopften »Löchern«, in denen die Familie nach wie vor hauste, obwohl es durch den *sozialen Wohnungsbau* mittlerweile genügend anderen bezahlbaren Wohnraum gab? Die Mutter organisierte darauf ein kleines Akkordeon, das dem verdutzen Elfjährigen zu Weihnachten geschenkt wurde.

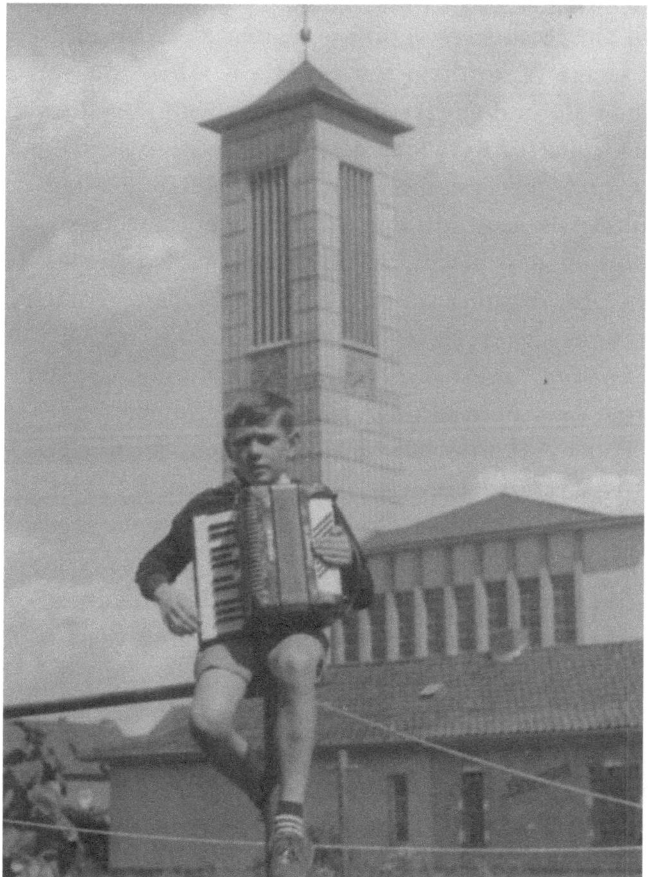

Roland mit dem ungeliebten Akkordeon

Das Akkordeon war für ihn Sinnbild spießiger Nachkriegsglückseligkeit und tauchte immer dann auf, wenn irgendwo gesoffen und herumgegrölt wurde. Roland verabscheute das Instrument dementsprechend, musste aber jede Woche zu einem Musiklehrer alter Schule zum Unterricht in die Sülzburgstraße. Der Pädagoge versuchte verzweifelt, dem störrischen Jungen Noten beizubringen um danach zu spielen. Die Übungsstücke waren in der Mehrzahl umgearbeitete Kompositionen von Mozart. Mozart auf einem Akkordeon war für den Knaben so ziemlich das Allerletzte und es tat seinem Gehör weh. Das dürfte auch der Grund für ROs lebenslange Abneigung gegenüber Mozart und der gesamten Musik zwischen Spätbarock und Frühklassik sein. Mit der Ausrede, das Instrument wäre zu klein und zu schlecht, beendete er von sich aus den Unterricht und organisierte sich eine ausrangierte Gitarre. Wieder kam der gefürchtete Knüppel zum Einsatz, wegen *Widerborstigkeit*. Aber es kam noch schlimmer: Stolz präsentierten die Eltern Monate später dem Jungen ein neues, ein HOHNER-Akkordeon, von dem er nicht mehr sagen konnte, dass es zu klein und zu schlecht sei. Er fand es zwar bemerkenswert, dass die Eltern trotz Geldmangels etwas so Teures für ihn kauften, an seiner Antipathie gegen das Instrument änderte dies aber nichts. Außerdem sah er nun, zu was Notlügen führen konnten. Dennoch machte er gute Miene zum bösen Spiel und nahm den quälenden Unterricht wieder auf. Wie makaber, dass er bald den sichtlich gerührten Eltern Schmalzmusik und durch Hans Albers populär gewordene Seemannslieder wie *La Paloma, ohe* vorspielen musste, in die sie mit Tränen in den Augen einstimmten. Das waren Augenblicke, in denen er ungeteilte Annahme erfuhr, denn Ottilie und Max liebten solche verkitschten Akkordeon-Klänge über alles. Im Grunde hatten sie mit dem Instrument nicht ihn, sondern sich selbst beschenkt.

Nach einem Jahr beendete Roland den Unterricht erneut, und daran änderte selbst die stiefväterliche Prügel nichts mehr. Der »Quetschebüggel«, wie die Kölner das Gerät nannten, wurde nicht mehr angerührt.

Vielleicht wäre alles anders gekommen, hätte der Knabe das poetische und leicht frivole Spiel der Franzosen auf der »Musette« gehört oder die Stücke eines Astor Piazzola für das Akkordeon des Herrn Band, das Bandoneon. Das Instrument wurde endlich verkauft. Roland widmete sich von nun an voll und ganz der Gitarre.

Die Mutter – vom Stiefvater ganz zu schweigen – war zeitlebens unfähig, das Kind als eigenständiges Wesen zu begreifen. Sie sah in dem Jungen einen alleinigen und uneingeschränkten Besitz, den sie wie ein selbst genähtes Sofakissen mit ihrer Erziehung »bestickte«. Seine Aufgabe war es ausschließlich, sie, die diesen kleinen Menschen zur Welt gebracht hatte, in ihren Ansichten zu bestätigen und zu repräsentieren. Nur sie besaß die ultimative Sicht der Dinge und den ultimativen Geschmack in allem. Diese hatte der Sohn gefälligst zu reproduzieren, sich ihnen zumindest komplett unterzuordnen. Zudem sollte er für alles dankbar sein. Roland Willaschek sollte ein Aushängeschild der Mutter sein, – bloß keine eigenständige Persönlichkeit! »Basta« – mit Ausrufezeichen – war bezeichnenderweise ein oft benutztes Lieblingswort der Mutter. So attackierte diese im Grunde liebeswürdige Frau den Sohn noch vierzig Jahre später wegen seiner zu langen Haare und zu lässigen Klamotten.

Roland tat ihr aber schon als kleiner Junge nicht den Gefallen, ließ natürlich auf dem Schulweg die lächerliche Haarspange verschwinden, zerwühlte sein Haar und brachte seine Kleidung in eine lässig wirkende Unordnung. Damals wie heute wollte ein Kind nicht wie ein Trottel aussehen, sondern, wenn schon nicht *gefallen*, so doch wenigstens (oder besser noch) als Individuum *auffallen* – und vor allen Dingen akzeptiert werden von der neu entdeckten holden Weiblichkeit!

Spannend waren sie, die ersten Annäherungen an die fremden Wesen des anderen Geschlechts. Die überfüllten Klassen in der Sülzer Schule am Manderscheider Platz waren zwar konfessionell getrennt, aber nicht nach Jungen und Mädchen, was die Schule für Roland, der als Einzelkind in nahezu geschlechtsloser Atmosphäre heranwuchs, wesentlich interessanter machte.

Im dritten oder vierten Schuljahr war in seiner Klasse ein neues Mädchen erschienen, in das er sich prompt verguckte: Ein puppenhaftes Wesen mit sehr großen, wunderschönen dunklen Augen und einer kleinen spitzen Nase in einem runden, von wilden, dunkelbraunen Locken eingerahmten Gesicht. Diese allererste, so wunderbar unschuldige Liebe beruhte auf Gegenseitigkeit. Die zwei Kinder erzählten sich zwar nie viel, gingen aber nach Schulschluss innig Händchen haltend bis vor ihre Wohnungstür in der Luxemburger Straße. Außerhalb dieser Schulgänge gab es merkwürdigerweise keinen Kontakt, da jeder der beiden – als wäre es abgesprochen – das Geheimnis für sich behalten wollte.

Die kleine Lydia Bloch wechselte später auf ein Gymnasium und die Eltern zogen weg. Der Abschied tat furchtbar weh. Die Kinder sollten sich nie wiedersehen …

In der sechsten Klasse – die Hormone tanzten da schon im Dreieck – verknallte er sich unsterblich in die strohblonde Evelyn aus der Ölbergstraße. Evelyn trieb mit den gleichaltrigen Jungs in ihrer Klasse muntere Spielchen und verdrehte ihnen absolut professionell den Kopf. Weder er noch sonst einer seiner Mitschüler hatten bei dem frühreifen und quirligen Blondschopf die geringste Chance. Das kleine Luder verkehrte »ernsthaft« natürlich nur mit den reiferen Schülern der oberen Klassen und wechselte permanent die von ihr Auserwählten. Ihre Körpersprache, ohnehin schon aufreizend, steigerte sie noch durch das, was man in Köln »Hibbeligkeit« nannte; sie setzte beispielsweise ständig ihren ultralangen Pferdeschwanz weitschweifig in Bewegung gab bei jeder passenden und unpassenden Gelegenheit ein lustig klingendes, freies und aufreizendes Lachen von sich, das die pubertierende Jungenwelt schier kirre machte. Roland malte ihr pausenlos Bilder und steckte sie ihr heimlich zu. Evelyn nahm sie wie selbstverständlich an. Die zeichnerische Begabung des Jungen brachte ihm aber nicht den geringsten Vorteil vor den anderen Bewerbern in der Klasse.

Jahre später – RO Willaschek steckte mitten im Studium der brotlosen Künste – traf er besagte Evelyn zufällig im Bankenviertel am Kölner Hauptbahnhof. Er konnte die verblühte graue Maus, die ihn da hocherfreut mit »Rolli« ansprach, erst nicht einordnen, selbst als sie ihren Namen nannte. Als er sie schließlich erkannte, befiel ihn schamhaftes Erschrecken, und der erwachsene Roland verabschiedete sich mit vagen Ausflüchten eilends von der zur trockenen Bankerin mutierten einstigen Schönheit.

Ein Kapitel von großer Tragweite war Rolands Schulbildung. Seine ständigen Versuche, die bildungsfeindlichen Eltern zu überreden, ihn aufs Gymnasium zu schicken, blieben erfolglos. Der simple, langweilige Unterricht auf der Volksschule nervte und unterforderte ihn, da er fast alle Fragen, die in ihm brannten, unbeantwortet ließ. Weder der Hausbesuch des zickigen Fräuleins Potten, seiner Lehrerin, noch die schriftliche Intervention des alten Rektors Herrn Fuchs, die beide die Eltern eindringlich baten, den Jungen auf eine höhere Schule zu schicken, konnten seinen Stiefvater umstimmen, der meinte: »Der braucht nicht mehr zu sein als ich!« Die Mutter pflichtete dem wie üblich bei.

Der phantasiebegabte Junge floh noch mehr in seine Innenwelt, verweigerte sich dem Unterricht, »beamte« sich in spannendere Welten weg und sah lieber durch die großen Schulfenster den vorbeifliegenden Vögeln zu. Er schwätzte gekonnt gegen das Geschwätz der Lehrerschaft an und erfreute sich eines dankbaren Publikums unter den Mitschülern. Pausenlos erfand er abstruse Geschichten und bastelte an merkwürdigen Legenden. Mit großer Lust schnitzte er aus Langeweile Figuren in die Schulbank und bekritzelte seine Hefte mit kämpfenden Rittern, Drachen, Pferden, Monstern und immer wieder Gesichtern, Fratzen und gekonnten Karikaturen der Lehrerinnen, was die »Opfer« in schiere Weißglut versetzte. Viermal musste er – und zwar immer nach der letzten Stunde vor den Ferien – nachsitzen, um mit Glasscherben, Schmirgelpapier, Lack und Pinsel die »wunderbaren Kunstwerke« auf den Schultischen zu liquidieren. Dabei wurde er »kritisch« beäugt vom ollen Weber, dem gutmütigen Hausmeister und Liebling der Schüler.

Die Strafarbeiten, die es während der gesamten Schulzeit hagelte, nahm er betont gleichgültig in Kauf. Die von den Eltern stets gegenzuzeichnenden Strafarbeiten bereiteten ihm schon deshalb keine Probleme, da er ungewöhnlich schnell und doch akkurat schreiben konnte und sie unbeobachtet auf der Haustreppe kurz vor dem Gang zur Schule »runterrasselte«. Die Unterschriften der Eltern? Für einen Portraitzeichner kein Problem, sie perfekt zu fälschen. Daraus entwickelte er später ein Geschäft. Gegen geringes Entgelt fälschte er für Mitschüler auch die Unterschriften ihrer Eltern. Das »profitable Unternehmen« flog nie auf …

Trümmer, Comics und Kino

Es gab auch ein Leben außerhalb der Schule, außerhalb der zwei Löcher, in denen Familie Willaschek hauste – und dieses Leben spielte sich in den Trümmern ab, dem wunderbarsten Abenteuerspielplatz, den nicht nur Roland sich wünschen konnte. Die Trümmer, die die Bomben der Alliierten zurückgelassen hatten und die erst allmählich durch Neubauten ersetzt wurden, waren für die Kinder nicht nur spannende, sondern auch fast mythische Orte, in denen ihre Phantasie sich absolut frei entwickeln und austoben konnte. Die Gefahren, die die Trümmer bargen, erhöhte ihre Attraktivität nur noch. Da war zum Beispiel eine Klassenkameradin Rolands, eines der wenigen Mädchen, das sich in die Trümmer getraut hatte: Die hatte sich mit einer gefundenen Handgranate regelrecht zerfetzt. Ein Nachbarsjunge wurde von einer einstürzenden Wand erschlagen. Daher wurden den Kindern die Trümmer von allen erziehungsberechtigten Seiten natürlich verboten – aber wer wollte das überwachen? Die Trümmer boten perfekte Verstecke, in denen keine Ge- und Verbote galten, kein Geschrei, kein Gebrüll von Erwachsenen zu vernehmen war. Vor allen Dingen aber gab es immer wieder Entdeckungen zu machen – wie die noch in rotbraunem Ölpapier luftdicht verpackte Militärpistole, eine LUGER 08, mit noch vollem Munitionsschlitten. Eines Tages fand Rolands schwer geprüfte Mutter das Ding trotz des guten Verstecks und gab die Waffe bei der Polizei ab. Sensationell war die Entdeckung eines durch die Verschüttung mumifizierten deutschen Soldaten in voller Montur; die Jungs fanden ihn in einem von ihnen frei gegrabenen Kellerraum. Der *Kölner Stadtanzeiger* berichtete darüber. In dem, was einmal die Küchen gewesen waren, fand Roland wunderbar bemalte Kacheln, die er liebte und sammelte. Ferner fand man

Hausrat aller Art wie etwa Bestecke, und auch seltsame Dinge, die man nicht zuordnen konnte, die aber ungemein faszinierten. So kamen Kinder, deren Eltern kein Geld für Spielzeug hatten, an wahre Schätze, an Ersatzspielzeug, das gehegt und gepflegt wurde, nur meist vor den Eltern versteckt werden musste.

In den Trümmern machte sich allmählich das Grün der alten Gärten, die in den Hinterhöfen der Häuser angelegt waren, breit und griffen Besitz vom Schutt. Die Kinder bezeichneten den Wildwuchs als ihren Dschungel, bogen die Äste mühsam zu Miniatur-Jurten zusammen und nannten das Ergebnis Burg oder Festung. Im Inneren eines solchen Halbrunds wurde alles Gestrüpp aus dem Boden gerissen und die Fläche planiert. Die Außenwände wurden mit Gestrüpp abgedichtet. Drinnen machten die jeweiligen Bandenmitglieder Lagerfeuerchen, um die sie sich dann kauerten, wilde Geschichten erzählten oder aber den nächsten »Kriegszug« gegen eine »befeindete« Clique planten. Wortführer und »Häuptling« war stets der mit der größten Klappe. Dementsprechend oft war der laute Roland Chef einer Bande. Natürlich hatte jede Bande ihr eigenes Hauptquartier, eine Burg oder einen Verschlag, die es zu verteidigen galt. Und es mussten natürlich auch Waffen her. So wurden aus Weiden, die überall zwischen den Trümmern wild wuchsen, »Flitzebögen« gefertigt, Speere und natürlich Pfeile. Eine Heerschar von Schutzengeln muss die Jungen bei ihren Kämpfen begleitet haben. Sie behielten alle ihre Augen und wurden auch sonst nicht nennenswert verletzt, – bis auf Roland, den im lustvollen Gemenge ein fremder Pfeil an der Schläfe traf. Er blutete wie eine Sau. Der Anorak war bald von Blut durchtränkt. Er lief sofort nach Hause. Als die Mutter ihn sah, fiel sie augenblicklich in Ohnmacht. Die Nachbarin, die gute Frau Röptig, ergriff ihn, ohne mit der Wimper zu zucken, und schleppte ihn umgehend zu Frau Dr. Warsing in die Hardtstraße.

Klammer drauf und das war's auch schon. Abends gab es dann, wie zu erwarten, die gewohnte Tracht Prügel wegen dem versauten Anorak. Am nächsten Tag aber wurde mit dem »Gegner« Frieden geschlossen und die »Friedenspfeife« geraucht. Diese bestand aus abgeschnittenen Ästen eines bestimmten Strauches, der, in Brand gesetzt, entsetzlich stank, aber hervorragend qualmte. Das waren die ersten Zigaretten ... mit garantierter Sofortreaktion von Magen und Darm.

Gottlob ahnten die Eltern nichts von dem Treiben ihrer lieben Kinderlein an den Nachmittagen bis in den Abend hinein und besonders in den Ferien. Es schien sie auch nicht groß zu interessieren. Die einen hatten genug damit zu tun, irgendwie über die Runden zu kommen, die anderen mit dem Beschaffen von Gütern, die sie als Gewinner im Wohlstandswettbewerb auswiesen.

Die Trümmer waren zudem echte Schatzgruben für die ersten Geschäfte der Jungen (ein-zwei Mädchen waren aber immer dabei) mit dem »Lumpensammler«, der sein Lager in der fernen Gustavstraße in Köln-Sülz hatte. Die Burschen – der kleine Willaschek an vorderster Front – schleppten ihm Unmengen an Kupferrohren heran, die sie erst ab- und dann in handliche Stücke zersägten, Kabel aller Art und alles, was sonst aus Metall bestand, durch die endlos langen Straßen bis hin zum Lager des Lumpensammlers, der sie gern und reich entlohnte. Da es zuhause mangels Finanzen selten mal einen Groschen Taschengeld gab, waren diese Zusatzeinnahmen wahre Höhepunkte im Leben der Jungen und vereinzelten Mädchen. Das verdiente Geld wurde stets sofort umgesetzt in PRICKEL PIT, jene legendären Brausetabletten für fünf Pfennig den Riegel, in amerikanische ML- oder Bazooka-Kaugummis mit winzigen Sammelbildchen für unerhörte zehn Pfennige das Päckchen und natürlich – wenn das Geschäft besonders gut lief – in Comics, Rolands größte Leidenschaft.

Neben der erlaubten Micky Maus gab es unter den Bilderheftchen natürlich auch jene, die nicht nur Rolands Eltern als »gefährlichen Schund« abtaten; wenn sie ein solches Heft entdeckten, wurde es daher umgehend vernichtet. Aber genau dieser »primitive« und »jugendgefährdende Schund« war so faszinierend und spannend: Sigurd, Akim, Fulgor – die untadeligen Helden in den schmalen, in schwarz-weiß gedruckten einreihigen »Piccolos«, kämpften stets erfolgreich gegen Niedertracht, Unterdrückung und Verbrechen, wobei sie äußerst brutal, aber immer »gerecht« vorgingen. Das liebten die Jungs von der Straße! Heute befinden sich diese mittlerweile unbezahlbaren Piccolos von Hansrudi Wäscher, der sie im Akkord »runterriss«, in den Safes von Sammlern, als todsichere Geldanlage.

Die Trümmer aber verschwanden allmählich und damit die wunderbaren Orte des Rückzugs, der ersten poetischen Verklärungen und des köstlichen Alleinseins ohne Aufsicht und dumme Erwachsenenkommentare.

So kam es, dass sich Rolands ganze Welt eines Tages nur noch in einer flachen Schublade unterhalb des Kühlschranks befand. Neben ein paar SIKU-Autos aus Plastik, die er regelmäßig zu Weihnachten geschenkt bekam, fanden sich die »erlaubten« Schätze des Jungen, die er noch aus den Trümmern hatte, wie Schrauben, Nägel, Kordel, und die bemalten Kacheln. Die Comics fanden, nach den schlechten Erfahrungen mit den Eltern, gute Verstecke erst in den Trümmern hinter Backziegeln und später beim Nachbarjungen Rolf-Dieter. Das war seine ihm allein vorbehaltene Welt.

Comics las und betrachtete der Junge, wie bereits erwähnt, fast leidenschaftlich und das sollte sich auch im späteren Leben nicht groß ändern. In den erlaubten Micky-Maus-Heften liebte er besonders Donald Duck, jene manisch-depressive Ente, die ständig krakeelend ausrastete und im nächsten Moment zuckersüß seiner Daisy die schmalzigsten Lieder zur Gitarre vortrug. Donald war der authentische Held: Ständig ohne Geld und vom Pech verfolgt; der stetige Versager, der mit aller Gewalt das Gute und den Erfolg wollte und das Pech und den Misserfolg erntete. Donald Duck war für den Jungen wohl die erste Figur, mit der er sich komplett identifizieren konnte – noch vor Jesus, Sigurd und Prinz Eisenherz, dem aus Thule stammenden Wikinger-Prinzen, der sich als Tafelritter in König Arthurs Auftrag kräftig in der Welt herumschlagen durfte. *Prinz Eisenherz* von Hal Forster gab es damals als Heftreihe in Deutschland (noch) nicht zu kaufen, sie erschienen aber in Fortsetzung, farbig gedruckt, in der *Welt am Sonnabend*. Die Seiten aus der Zeitung bekam er regelmäßig von Frau Röptig zugesteckt. Er bewunderte die absolut gekonnten Zeichnungen und auch die erzählerische Fantasie Forsters und sammelte die Blätter. Schließlich begann er einige der aufwendig gezeichneten Szenen, wie den berühmten Hunnensturm oder die Belagerung der Burg Andelkrag, mit Tusche und Federhalter nachzuzeichnen und erlernte somit früh die Grundlagen naturalistischer Wiedergabe. Diese fein gearbeiteten DIN/A3-Zeichnungen präsentierte der Junge dann stolz in seiner Schulklasse und erntete enormen Beifall, besonders bei den Mädchen. Prompt wurden ihm die Blätter von der Lehrerin, dem Fräulein Potten, abgenommen und an die Wand gehängt, wo sie über Jahre hängen blieben. Das war praktisch ROs erste Ausstellung, und er war damals stolz wie Oskar und genoss die Bewunderung seiner Mitschüler, insbesondere die der reizenden Röckchenträgerinnen.

Gern erinnert sich Willaschek an seine seltenen Kinobesuche. Der Sonntagsgottesdienst fiel in unregelmäßigen Abständen für die komplette Familie aus. Warum wohl? Der beglückte Sohn wurde großzügig mit einer Deutschen Mark ins Kino geschickt – das ROLAND-KINO (es hieß tatsächlich so) am Ende der Berrenrather Straße. Der Eintritt kostete damals 50, später 75 Pfennig. So blieb noch Geld übrig für ein köstliches ROLLO, jene in Rollen verpackte Schoko-Karamell-Bonbons, die es noch heute gibt.

Gezeigt wurden die urkomischen Fuzzy-Western, Micky und Donald, natürlich Dick und Doof und Märchenfilme, die immer mit dem ohrenbetäubenden Lärm der Kinder »begrüßt« wurden. Es war für die Kinder – Fernseher gab es noch nicht – eben jedes Mal ein Fest.

RO erinnert sich noch genau an seinen ersten Film, den er mit sechs oder sieben Jahren sah. Seine Eltern erlaubten sich den damals fast unmöglichen Luxus eines Kinobesuches und nahmen den Kleinen mit. Es gab *Königin Christine* mit der magischen Greta Garbo. Der Junge war fasziniert und wie verzaubert – erstens vom Film als künstlerischem Medium, und zudem war er zum ersten Mal in eine fremde und erwachsene Frau regelrecht verknallt: Greta Garbo, ein Wesen aus einer anderen Welt! Mutter Ottilie musste sich da auf einmal mit dem zweiten Rang in seiner Gunst begnügen.

Der Junge war ansonsten selten das, was man ein fröhliches Kind nennt. Fast glücklich aber war er an den Tagen, an denen er krank war. Endlich erfuhr er von der Mutter eine fast übertriebene Zuwendung und wurde von ihr rundum verwöhnt. In besonders schlimmen Fällen, wie einer akuten Grippe, bekam er schon mal ein Stofftier geschenkt, aber immer Micky-Maus-Heftchen, die die Eltern ebenfalls schmökerten.

Einer Mecki-Figur und einem Teddy galt seine ganze Liebe. Sie wurden nahezu von ihm »aufgefressen« und kaputt geknutscht. Mit dem Teddy verbindet RO eine der entsetzlichsten Erfahrungen seiner Kindheit: Der Junge, mag er acht oder neun Jahre alt gewesen sein, suchte eines Tages seinen Teddy. Er war verschwunden. Intuitiv sah er in das Kohlefeuer des Eisenherdes und sah seinen Teddy lichterloh brennen. Er war erschüttert. Zum ersten (und auch letzten) Mal hasste er seine völlig ignorante Mutter. Zur Rede gestellt, antwortete sie völlig emotionslos: »Der war schmutzig und stank, man muss sich ja schämen vor den Leuten!«

Als Déjà-vu-Erlebnis entsetzte RO Willaschek Jahre später zutiefst die Szene aus dem Film *Das verbrecherische Leben des Archibaldo de la Cruz* von Luis Buñuel, in dem eine weibliche Schaufensterpuppe in einem riesigen Keramik-Brennofen lichterloh verbrannte. Er sah seinen Teddy zum zweiten Mal verbrennen!

Der Wirtschaftswunder-Mief

Das vielbestaunte deutsche Wirtschaftswunder hinterließ bei den Versagern und Verlierern ein Gefühl der Tristesse. Die ab Mitte der 1950er Jahre fett werdende Bundesrepublik Deutschland war für einen Großteil der Nachkriegskinder schwer zu ertragen, besonders für die, die, wie Roland, mit zu großen Ohren, zu großen Augen und tragischerweise mit zu kritischem Verstand »geschlagen« waren. Die Ursachen des von ihnen empfundenen spießigen Miefs waren erst später auszumachen, hatten eindeutig zu tun mit der zähen, ja, sturen Verdrängung und Leugnung der Vergangenheit, der absoluten Unfähigkeit zu Reue und Sühne dessen, was zwischen 1933 und 1945 geschehen war. Statt sich der Vergangenheit zu stellen, trat Deutschland die Flucht in die Moderne an. Als hochwillkommene Hilfe für das totale Vergessen nach dem totalen Krieg kam die neue Allianz mit den USA, die bald zu einer völlig kritiklosen Bewunderung und begeisterten Adaption des *american way of life* führte, der in Windeseile das Vakuum des unaussprechlich gewordenen füllte.

In diesem Klima drohte ein junger und wacher Geist zu ersticken. Roland war, wie die Mehrzahl seiner Altersgenossen, den Auswirkungen der kollektiven Verdrängung machtlos ausgesetzt, konnte aber auf Grund fehlender Informationen weder Ursachen noch Hintergründe konkret benennen, geschweige denn begreifen. Die meisten Menschen schienen nach den Hungerjahren nichts anderes zu kennen als Konsum, Fressen und Saufen. Für Fragen der Nachkriegskinder an die Elterngeneration gab es bis in die 1960er Jahre hinein kaum ein Forum. Die Verwirrung dieser Generation war sehr groß und lähmte das junge Leben, das nach einer Befreiung aus diesem Scheindasein, dem erstickenden Spießertum, förmlich schrie; einem Dasein, das ausgerichtet war darauf, ohne Widerspruch das Maul zu halten, um Gottes willen nicht aufzufallen und in einer absolut konformen, dumpfen Masse im Sinne eines ausschließlich materiellen Zugewinns bestens zu funktionieren.

Sex und Rock'n'Roll

Seit er als Elfjähriger erstmalig mit dem Rock'n'Roll in Berührung gekommen war, konnte man den Eindruck gewinnen, dass Roland sich für nichts anderes mehr interessierte. Diese Musik war für ihn die Offenbarung schlechthin, denn sie entsprach seinem lauten und rebellischen Charakter. Er war wie elektrisiert beim Abhören der kleinen schwarzen Scheiben, die Peter Wünsche, ein gleichaltriger Junge aus der Nachbarschaft, von seinem älteren Bruder, der in den USA. lebte, geschickt bekam. Auf den Singles prangten die Namen von Little Richard, Chuck Berry, Buddy Holly, Paul Anka, Jerry Lee Lewis, Elvis Presley und vor allen Dingen der des für RO unnachahmlichen Eddie Cochran. Endlich lebendige Helden!, nicht viel älter als er, die aufbrachen, um überkommene Werte und dumpfes Spießertum über Bord zu werfen, sich den Werten einer verlogenen Erwachsenenwelt zu widersetzen und das auch noch herrlich laut!

Diese neuen Helden zu verehren und es ihnen gleich zu tun, war das Gebot der Stunde. Roland fühlte sich im Rock'n'Roll wie von Fesseln befreit. Er hatte das Gefühl, endlich zu Hause angekommen und mit seiner Verwirrtheit, seinem Drang zu unkontrollierten Ausbrüchen nicht mehr allein zu sein. Auch nicht – wie die neue Musik suggerierte – mit der ihn entsetzlich irritierenden Sexualität, mit der man ihn und die meisten jungen Menschen damals völlig allein ließ. Auf diesbezügliche Fragen bekam man in jenen Zeiten – wenn überhaupt, denn darüber redete man nicht – nur dümmliche Plattitüden zu hören. Aufklärung war ein anrüchiges und tabuisiertes Thema, besonders im ultraprotestantischen Elternhaus Willaschek. Wen wundert es, dass den pubertierenden Roland entsetzliche Schuldgefühle plagten, Schuldgefühle, die heute nur noch aus dem

Kontext einer extrem lustfeindlichen und pseudoreligiösen Weltsicht verstanden werden können, die damals nicht nur bei den Willaschecks herrschend war. Vielleicht war es auch lediglich die innere Fortsetzung einer zu Bruch gegangenen Hitler-Gläubigkeit in anderen Kleidern. Die Symptome jedenfalls ähnelten sich frappierend.

Obwohl es den anderen Kindern, wie man leider erst viel später erfuhr, nicht besser ging, fühlte jeder und jedes sich mit den Problemen der Pubertät völlig alleingelassen. Man traute sich nicht, sich untereinander auszutauschen, weil die Vermutung, abnorm veranlagt zu sein, ständiger Begleiter war. Onanieren bei jeder sich bietenden Gelegenheit war der einzige Ausweg. Da einem protestantischen Knaben die erlösende Beichte der Katholiken leider verschlossen blieb, bat Roland den lieben Gott persönlich um Vergebung seiner »entsetzlichen Sünde«. Eine Farce. Inbrünstig betete er darum, dass der gestrenge Gott ihm, verdammt nochmal!, half, diesem sündhaften Verlangen nicht mehr nachkommen zu müssen.

Als alle Gebete nichts halfen, kamen ihm erste Zweifel an der Existenz eines liebenden Gottes. Der Gipfel war, als er in der Anfangszeit seines hormonellen Dilemmas einmal etwas im vorsintflutlichen Küchenschrank der Familie suchte. Versteckt hinter einem Fach fand er – ein Pornoheft! Es war in schwarz-weiß gedruckt. Zum ersten Mal sah er splitternackte Frauen. Er wusste nicht, was ihn mehr verwirrte: Der Anblick dieser wunderbaren Wesen, die der Schöpfer so erregend gestaltet hatte oder die Doppelmoral seiner »ertappten« Eltern. Zu schaffen machte ihm vor allem die Mutter, bislang absolut höchste Moralinstanz für ihn. Sie, die sich vor ihm nie im Unterrock zeigte, geschweige denn nackt, sie, die ihn, als sie ihn eines späten Abends beim heimlichen Onanieren erwischt hatte, mit wutverzerrtem Gesicht anschrie: »Aha, so einer bist du also!«

Sie hatte dann die Tür mit lautem Knall zugeschlagen und ihren Sohn mit ihrem vernichtenden Todesurteil im Dunkel des Zimmers einsam mit seinen Schuldgefühlen zurückgelassen. Dies stürzte ihn in einen Konflikt, der sich, da in keiner Weise aufzulösen, in eine lang anhaltende Krise fortsetzte.

Und die Rettung kam dann eben nicht aus dem Himmel, wie der junge Willaschek in seinen Gebeten erhoffte, sondern aus den Vereinigten Staaten von Amerika und kurz darauf auch aus England: Es war der Rock 'n'Roll! Der Rock überrollte zum Entsetzen der Eltern die muffige Republik. Rolands Eltern sahen in dieser neuen Musik, von ihnen nur als Krawall oder Negermusik bezeichnet, eine Manifestation des Satans und ein Vorzeichen der im Johannes-Evangelium prophezeiten Apokalypse.

Fluchtwege aus der Enge

Zu genau dieser Zeit geschah etwas wie ein Wunder: Familie Willaschek wollte sich, wie die anderen Städter auch, einen »wohlverdienten« Urlaub leisten. Endlich für eine begrenzte Zeit raus aus der Stadt in eine andere Umgebung und nur entspannen, andere Menschen und andere Dinge sehen! Für Roland ein Abenteuer der anderen Art, weil er sich schon seit Jahren nach den Sommerferien immer wieder die tollsten Berichte braun gebrannter Klassenkameraden hatte anhören müssen, Geschichten von Wunderländern wie Italien, Spanien, Griechenland, Bayern oder Österreich. Roland gehörte zu den ganz wenigen in der Klasse, denen nichts blieb, als mit einer Mischung aus Bewunderung und Neid die Berichte der anderen zur Kenntnis zu nehmen. Dabei sehnte er sich danach, auch einmal die graue Stadt mit ihrem Lärm und Gestank für paar Wochen gegen Sonne, Berge, Meeresstrand oder Wälder einzutauschen.

Die Eltern hatten ein ganzes Jahr für dieses Ereignis gespart. Es ging mit der Bundesbahn nach Lechbruck in den Allgäu auf einen Bauernhof. Der Hof war wesentlich größer als der, den der Junge noch vom Harz her kannte; mit vielen Kühen, Ziegen, knorrigen Bauern und einem Plumpsklo hinterm Stall – für den jungen Roland die Sensation! Er liebte den Stallgeruch, die Wanderungen, das deftige bayrische Essen, staunte über die »entsetzlich überladene« Wieskirche, die Roland anwiderte in ihrem Prunk, seine Mutter aber mit ihrem merkwürdigen Hang zum Kitsch in Entzücken versetzte; das märchenhafte Schloss Neuschwanstein, das ihn an die Burg Andelkrag aus einem *Prinz Eisenherz*-Comic erinnerte ... Er konnte sich nicht satt sehen an all dem Wunderbaren aus einer für ihn völlig fremden Welt. Was er aber vor allem genoss, das war die plötzliche Fröhlichkeit der Eltern. Er fühlte sich ihnen endlich zugehörig. Selbst der Stiefvater war ständig zu Späßen aufgelegt und brachte sogar dem Jungen in einem blutegelverseuchten Bergsee das Schwimmen bei. Roland bekam langsam eine Ahnung von dem Stress und dem Druck, dem die Eltern in Köln permanent ausgesetzt waren. Hier in den Bergen waren sie zu völlig anderen Menschen mutiert, was sich mit der Rückfahrt nach Köln aber sofort wieder ändern sollte.

Wie auch immer! Roland sah zum ersten Mal richtige Berge und konnte es nicht fassen. Die Faszination für die Welt der Berge und ihre knorrigen Bewohner würde ihn von da an sein Leben lang begleiten …

Im folgenden Jahr fand in der Schule eine Untersuchung statt. Der stets zu dünne Roland durfte für sechs Wochen durch eine Art »Kinderlandverschickung« wiederum in seine geliebten Berge. Das Heim befand sich in Oberjoch in der Nähe von Hindelang im Allgäu. Die zahlreichen Kinder aus der gesamten Bundesrepublik sollten dort – was nahe lag – körperlich fit gemacht werden für das bevorstehende Berufsleben.

Die Kur fand in der Übergangszeit vom Frühling in den Sommer hinein statt und Roland konnte die ersten Bergblumen sehen, wie sie durch den letzten Rest des Winterschnees nach oben strebten. Es war für das Straßenkind eins der vielen Wunder, die es genauer zu betrachten galt. Aber die Kinder hatten kaum Zeit, bei diesen Naturwundern zu verweilen, denn die die Oberaufseherin des Heims, ein fürchterlicher Dragoner mit entsetzlich lauter, befehlsgewohnter Stimme, trieb die Kinder zur permanenten Ertüchtigung an und befahl immerzu: »Vorwärts, Marsch!«. Dem folgte stets: »Ruhe!« und »Benehmt euch ordentlich!«

Die riesige, merkwürdige Frau mit ihrer Meckifrisur, stets in fast militärischen Klamotten steckend, faszinierte Roland, stieß ihn aber gleichzeitig ab. Ihr herrisches Wesen lag wie ein böser Schatten auf der Idylle. Die Gruppenleiterinnen und sämtliche Kinder hatten Angst vor ihr und gingen ihr, so gut es ging, aus dem Weg. Die »Dragonerin« ließ es sich auch nicht nehmen, den Kindern merkwürdige Lagerfeuer-Lieder beizubringen. Dabei sang sie immer laut mit und bekam rührselige Anwandlungen. An ein Lied kann sich der Schreiber dieser Zeilen noch gut erinnern, weil es seinem frühen Hang zum Märchenhaften irgendwie entsprach:

Schwarzkönig, Held aller Goten,
dir sei unser Leben geweiht,
mit uns die Helden der Toten,
mit uns die werdende Zeit
usw.

Im Nachhinein kann man unschwer beurteilen, wes Geistes Kind diese Person war und sich nur wundern, wie ein solches NS-Relikt 1958 noch einen derart verantwortungsvollen Job ausüben durfte. Ausgerechnet mit Kindern!

Zurück in Köln hieß auch zurück zum Rock'n'Roll, den er in den sechs Wochen sehr vermisst hatte …

Wie bereits erwähnt, war Rock'n'Roll für Rolands Eltern ein Vorzeichen der Apokalypse, mindestens aber die Einleitung zum Untergang des Abendlandes. Sie selber hörten tagtäglich Schlager wie Rudi Schurickes *Caprifischer*, *Das alte Försterhaus* oder *Heidenröslein* aus dem Radio oder vom Plattenspieler, sie sich irgendwann geleistet hatten. Klassische Musik kam überhaupt nicht vor, und Jazz konnte man damals nur nachts auf BFBS (British Forces Broadcasting Service, das war der Radiosender für die Soldaten der britischen Besatzungszone) hören, aber da schlief man, um am nächsten Tag einigermaßen fit zu sein. Jazz war also im Leben der Familie Willaschek praktisch nicht existent.

Rock'n'Roll fing bei den damals systemkonformen Radio-Sendern mit Peter Kraus an und hörte bei Ted Herold auf, wurde zudem noch selten gesendet. Das Radioprogramm (fast nur Radio Luxemburg) entsprach der tristen bundesrepublikanischen Gesellschaft, die sich in betont unschuldig sich gebenden Banalitäten und penetranter, aufgesetzter Pseudo-Fröhlichkeit regelrecht suhlte. Eine Gesellschaft, die mit ihrem neu errungenen Wohlstand, der all die Toten und Verfolgten, die Konzentrationslager, die noch praktisch gestern existierten, und die Mitschuld an alledem fett, laut, lustig und bunt verpackt überlagerte, ertrug natürlich nicht die geringste Irritation – auch keine noch so harmlose wie die durch Musik! »Neger-Jazz« und der als »anarchisch« apostrophierte Rock'n'Roll wurden als Angriff auf die Gesellschaft der »Zufriedenen« gebrandmarkt; diese »Abartigkeit« galt es, »wie die Pest« mit allen Mitteln zu bekämpfen! Es herrschte ein regelrechter Krieg.

Junge Menschen heute werden die Erbitterung dieser Auseinandersetzung nie nachvollziehen, geschweige denn glauben können. Dazu eine typische Geschichte aus jener Zeit: Der junge Willaschek bekam von der kinderlosen Vermieterin, Frau Röptig, die ihn sehr gern hatte, zum vierzehnten Geburtstag einen Plattenkoffer geschenkt. Das war ein praktisches Dual-Gerät zum Abspielen der kleinen 45er Schallplatten, zudem transportabel. Nachbarjunge Peter, der durch seinen Bruder in den USA inzwischen eine ungeheure Plattensammlung besaß, überließ Roland viele davon. Der hörte die Scheiben dann auf seinem ersten Plattenspieler leise im Nebenzimmer und war glücklich. Was dann aber folgte, war fast vorauszusehen: Der jähzornige Max Willaschek, der die neue Musik natürlich verabscheute, warf in einem seiner berüchtigten Anfälle, von Schlägen und Wutgebrüll begleitet, Rolands ganzes neues Heiligtum – sämtliche Platten – aus dem Fenster des zweiten Stocks hinunter auf die Siebengebirgsallee, wo sie sich rollend weit auf der Straße verteilten. RO durfte erst am nächsten Tag wieder die Wohnung zu verlassen und versuchte zu retten, was zu retten war. Die kleinen runden Kostbarkeiten, die heil geblieben waren, waren natürlich alle spurlos verschwunden.

Der neue Wohlstand, den fast alle in Westdeutschland mittlerweile genossen, blieb Familie Willaschek verwehrt. Stiefvater Max, der den kleinen Jungen mit Genuss fast zu Tode prügeln konnte, versagte komplett in seiner erwachsenen Welt, denn außerhalb der Familie war er von einer für den Jungen nicht zu begreifenden Schüchternheit und Ängstlichkeit. Vielleicht musste er sich deshalb zu Hause als Halbgott aufspielen. Dazu gehörte natürlich auch, dass er die absolute Hoheit über das Radio für sich reklamierte, das in der noch fernsehlosen Zeit eine Schlüsselrolle im täglichen Leben spielte. So wurde der Junge zu Hause permanent mit akustischen »Leckerbissen« bombardiert, mit denen er nichts anfangen konnte. Das waren entweder Fußballreportagen, die ihn anödeten, Nachrichten, die er nicht verstand, oder stumpfsinnige Schlagermusik, die ihn fast körperlich peinigte.

So blieb als letzte Konsequenz für den Jungen nur eines: Die Flucht – weg von der Petersbergstraße 41, in der die Familie lebte. Er nahm jede Gelegenheit wahr, der häuslichen Tristesse zu entkommen, floh oft zu Freunden mit verständnisvolleren Eltern, die es, wie er höchst erstaunt feststellte, tatsächlich gab. Wie gern war er bei der so aggressionslosen, liebevollen Familie Simon auf dem Gottesweg (so heißt die Straße tatsächlich), wo so viel gelacht wurde, oder bei der vielköpfigen Familie König auf dem Klettenberggürtel, wo inmitten einer tobenden Kinderschar, zwischen ausgelegten Märklin-Eisenbahnschienen, Bauklötzchen, Comic-Heften, Stofftieren und Schulsachen Herr König, der Musikprofessor, hinter dem Notenständer postiert, völlig unbeeindruckt seine Querflöte spielte. Da konnte man endlich in den Wohn- oder Kinderzimmern, meist die Backen voller Süßkram, herrlich laut sein oder die kleinen 45er Rock'n'Roll-Schallplatten genießen. Oft begab Roland sich auch allein in den nahen Klettenberger Park, der eine eigentümliche Melancholie verströmte. Hier konnte der Junge ungestört vor sich hinträumen und seine allerersten »merkwürdigen« Gedichte voller Sehnsüchte, aber auch Hass schreiben, die nur so vor Pathos trieften. Jede dieser Fluchten hatte eminente Bedeutung für den noch kleinen Menschen ...

Einmal, Roland war gerade erst elf Jahre alt – zog es ihn zum Kölner Hauptbahnhof. Er stieg kurz entschlossen in einen Zug, der zufällig nach Düsseldorf fuhr und sah sich den ganzen Tag eine fremde Stadt an, die ihn sehr faszinierte. Abends fuhr er zufrieden und seelenruhig zurück nach Köln, ohne sich von einem Schaffner erwischen zu lassen. Beim Heimkommen erwartete ihn der obligatorische Knüppel wegen Zuspätkommens. Doch so sehr sie ihn auch prügelten und verhörten, die Eltern sollten nie erfahren, wo der Elfjährige an jenem Tag war. Solche geheimen Triumphe genehmigte er sich mit zunehmendem Alter öfter und genoss sie still für sich.

Noch einmal zurück zum Rock'n'Roll: ROs erstes eigenes Instrument (vom grauslichen Akkordeon abgesehen) war eine vom Karren eines Lumpenkerls geklaute bayrische Zither, auf der er im Keller des Hauses immer wieder *Heartbreak Hotel* von Elvis Presley (den er ansonsten nicht so sehr mochte) vor seinen Freunden spielte und ihn dabei sogar mit heulender und dank Stimmbruch krächzender Stimme imitierte. Die entweihte Zither fand dank elterlicher Zuchtmaßnahme wie selbstverständlich den Weg in den Müll.

Er lernte schließlich im *Christlichen Verein Junger Männer* (CVJM, damals noch protestantisch ausgerichtet) Gitarre spielen.

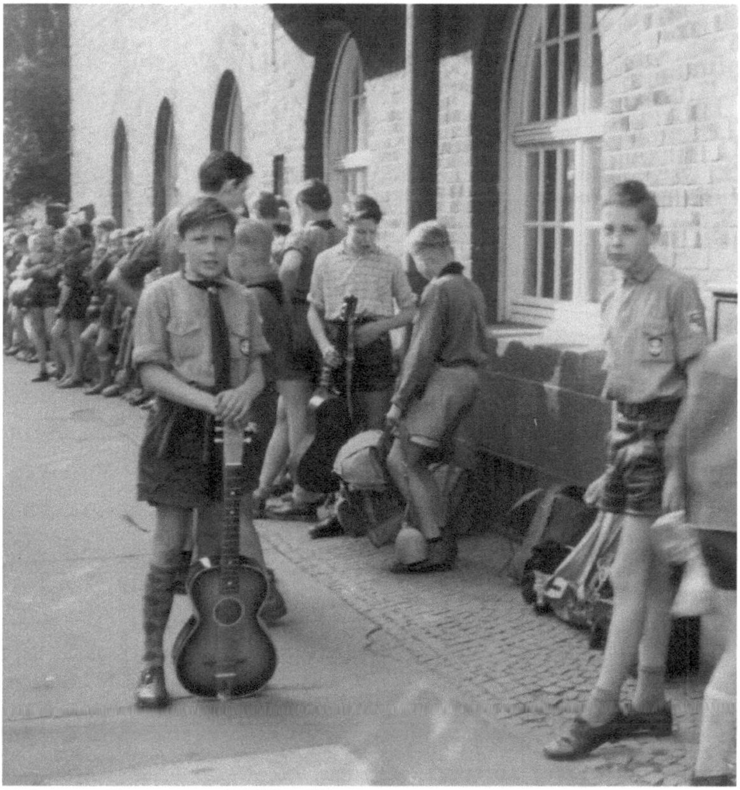

RO mit Gitarre in CVJM-Uniform

Er ging einmal in der Woche sehr gern in die Jungschargruppe zum abendlichen Treff mit Singen, Beten und Spielen. Er war zwar ein notorischer Einzelgänger, aber im Widerspruch dazu suchte er auch die Gemeinschaft und machte stets mit bei den Wanderungen und Zeltlagern – allerdings immer mit dem Gefühl der nicht vollständigen Zugehörigkeit. Er bekam von Dietmar Schilling, dem Leiter der Jungschar *Argonauten*, eine ausgediente Gitarre geschenkt und spielte in jeder freien Minute zu Hause, wenn keiner da war, oder im kalten und feuchten Keller von *Schloss Pipi*. Er lernte sehr schnell und intonierte nach kurzer Zeit bereits mit Leidenschaft Stücke wie *C'm on*

Everybody und *Nervous breakdown* von Eddie Cochran, seinem unumschränkten Idol: Mit rauchiger, krächzender Stimme sang er »herrlich« laut zu dem stampfenden, hypnotischen Rhythmus, den er energisch auf der Gitarre anschlug. Sein falsches Englisch störte keinen seiner Kumpels – und ihn selbst am allerwenigsten.

Mit dreizehn Jahren stand er zum ersten Mal auf einer improvisierten Bühne im *Petersberger Hof*, einer Kneipe, die sich noch heute in der Petersbergstraße 41 befindet. Sein Publikum bestand aus Gleichaltrigen, die sich einen Abend unter sich machen wollten. Mit geliehener Jeans und Brisk-frisierter Elvis-Tolle spielte und sang er, was das Zeug hielt. Die Mädchen quietschten und waren hin und weg. Roland Willaschek war in seinem Element und befand sich wie im Rausch. Plötzlich erschien Stiefvater Max auf der Bildfläche und riss ihm die ebenfalls ausgeliehene Korpus-Elektrogitarre (eine echte FRAMUS mit Perlmuttdecke) vom Leib und schlug sie ihm buchstäblich um die Ohren. Die Gitarre zersplitterte an seinem dünnen Körper und Roland war nur noch Hass. Er dachte nicht zum ersten Mal daran, seinen Stiefvater zu töten; dieses Mal sogar, ohne dass später das schlechte Gewissen ihn überkam, wie er so etwas auch nur denken konnte. Bis zu seinem nächsten Auftritt sollten ganze achtzehn Jahre vergehen …

Zum rebellischen Charakter Rolands passte die Lust an der gesellschaftlich nonkonformen Kleinkriminalität – den verbotenen Streifzügen in einer verschworenen Straßengang. Die Diebstähle gaben »wunderbare« Adrenalinstöße, die RO und seine Kumpane genossen. Man spürte sich dabei endlich, körperlich wie geistig. Sie klauten Wertsachen, die sie sich nicht hätten leisten können und zeigten der verhassten Welt der Eltern und Lehrer mit ihrer angeblichen Rechtschaffenheit so den Stinkefinger. Sie redeten vom Artigsein, weil der liebe Gott alles sah, vergötterten aber in Wirklichkeit die D-Mark – und erwarteten, dass die

Kinder, die ihnen ausgeliefert waren, ihnen ihre Bigotterie auch noch glaubten oder besser: durch Bravheit abkauften.

Roland war zu jener frühen Zeit Mitglied und oft Anführer einer fünf- bis achtköpfigen Straßengang, die über Jahre fast täglich unterwegs war, um zu stehlen, was nicht niet- und nagelfest war. Meist waren es neben Süßigkeiten Zigaretten, Comics, Zeitschriften, Bücher oder Klamotten. Später kamen die für damalige Verhältnisse sündhaft teuren Flugzeug- und Schiffsmodellbausätze von REVELL oder LINDBERG hinzu, die sie sich unmöglich hätten leisten können. Diese Modellbausätze aus vorgefertigten Kunststoffteilchen wurden schließlich die ausgesuchten Objekte ihrer Streifzüge, die sie durch ganz Köln führten. Die Modelle bastelten die kleinen Gangster in ihren Verstecken zusammen und verschenkten sie dann an Kinder, die noch weniger oder gar nichts besaßen – und davon gab es in jener Zeit noch genug, denn die Flüchtlingsströme aus der noch mauerfreien DDR und den anderen Ostgebieten rissen nicht ab. Die Gang kam sich dann vor wie die wilden Gefährten von Robin Hood und fühlte sich im Nachhinein auch noch moralisch gerechtfertigt.

Das ging so über fast vier Jahre – bis zu Rolands vierzehnten Lebensjahr. Die Jungs wurden, weil sie strategisch geschickt vorgingen, nie erwischt. Auch die Eltern ahnten nichts. Die Bandenmitglieder stammten fast alle aus Familien, die man schon damals als »Asoziale« bezeichnete: Es waren Söhne von Flüchtlingen oder von Alkoholikern, von Eltern, die selbst kriminell waren oder einfach langsam verwahrlosten, weil sie nicht clever oder fleißig genug waren und – aus welchen Gründen auch immer – den Wirtschaftswunder-Schnellzug verpassten.

Aber auch diese ziemlich lange anhaltende Periode ging schließlich vorüber. Rolli G., ein Nachbarjunge, und Roland hörten aus unterschiedlichen Gründen mit der Klauerei auf. Rolli bekam irgendwann »Schiss« (sein Vater, der von der Mutter getrennt lebte, war Polizist), und den religiös erzogenen Roland plagte schließlich das schlechte Gewissen. Drei der »Schlawiner« professionalisierten ihre Abenteuerlust. Hennes H. wurde nach einem Banküberfall neun Jahre später durch die Polizei von seiner Vespa heruntergeschossen und kam dabei zu Tode. Richard L. (Ritchy), der älteste und verwegenste der Truppe, der seiner älteren Schwester samt alleinstehender Mutter in die USA folgte, sollte viel später, nach einem längeren Gefängnisaufenthalt in Sing Sing, New York City, für schwarze Jugendliche aus der Bronx ein erfolgreiches Arbeitsbeschaffungs- und Antidrogenprogramm installieren, das noch heute existiert.

Zyniker Jochen H., der cleverste aus der Gang und auch der skrupelloseste, wurde erfolgreicher Banker – erst in Köln, dann in Frankfurt als Direktor und Vorstandsmitglied einer bekannten Großbank. Nein, er hatte sich nicht verändert …

Begegnung mit der anderen Kultur

Vielleicht nicht zufällig fiel in diese Zeit des »Ausstieges« ein für Roland bedeutendes Ereignis, das völlig unspektakulär begann. Rolands Mutter musste, damit das Nötige in die Haushaltskasse kam, bei verschiedenen Stellen putzen gehen. Dem ursprünglich erlernten Beruf als Metzgerin wollte sie, aus Gründen, die der Sohn bis heute nicht nachvollziehen kann, nicht nachgehen. Roland – er dürfte da vierzehn Jahre alt gewesen sein – befand sich in den Schulferien und begleitete die Mutter teils aus Langeweile, teils, weil er sich, so lange er denken kann, für fremde Einrichtungen interessierte, zu einem der Einsatzorte seiner Mutter.

Es war in der nobleren Ecke von Klettenberg, am Ende der Siebengebirgsallee, bei einer Frau Hoffmann. Was den Jungen da erwartete, beeindruckte ihn zutiefst: Die Wände sämtlicher Räume waren wahrhaft »tapeziert« mit Büchern und »seltsamen« Bildern, die so ganz anders waren als das, was er von Zuhause kannte – der obligatorischen Gebirgslandschaft in Goldrahmen. So etwas wie die Bilder bei Frau Hoffmann aber hatte er noch nie gesehen. Sogar auf der Toilette befanden sich originelle und witzige Holzschnitte aus dem 17. Jahrhundert, die sich mit dem Thema des Furzens auseinandersetzten. Das amüsierte ihn königlich, war er doch von zu Hause aus nur die gnadenlose Prüderie gewöhnt, die unter anderem selbst das Furzen verbot. Im prächtigen, mit dunklen Antiquitäten ausgestatteten Wohnzimmer hing ein großes, dunkles Ölgemälde, das ihn wahrhaft elektrisierte: *Die Toteninsel* von Arnold Böcklin. Ob es eine von Böcklin selbst angefertigte Variante (es gab insgesamt fünf) war, oder nur eine Kopie? Das Bild jedenfalls beeindruckte ihn in dem Maße, dass er nach stundenlangem Betrachten beschloss, unbedingt Künstler zu werden. Die *Toteninsel* rührte eine Seite in ihm an, die er kannte, über die er sich aber nie mit jemandem austauschen konnte. Es waren die merkwürdig dunklen, aber süßen Gefühle, die oft schwer auf seiner Brust lagen, aber von ihm auch als angenehm schön und fremd empfunden wurden: Allein, tagträumend in einem Trümmer-Grundstück; in »seinem« Klettenberger Park; abends, wenn die Besucher nach Hause gingen oder im dunklen Wald des Harz', den er – klein wie er war – ganz allein erkundete, oder in seinen nächtlichen Träumen. Er hatte schon sehr früh einen Hang zur Mystik, zum Geheimnisvollen, Bizarren, Märchenhaften und Unergründlichen. Aber nicht genug damit: Frau Hoffmann, eine alte, weißhaarige und gewichtige Person mit einem auffallend feinen Gesicht, kam vom Einkaufen zurück und unterhielt sich dann, nachdem sie den faszinierten Jungen vor dem Böcklin-Bild fand, sehr ernst mit ihm. So etwas kannte er nicht: Erwachsene, die sich allen Ernstes mit einem Kind auf Augenhöhe unterhielten. Die feine alte Dame erläuterte ihm das Werk, während die Mutter emsig die Treppen im Hausflur scheuerte, und referierte über die innere Befindlichkeit des Malers, den Symbolismus und nebenbei auch von der griechischen Mythologie, die sie hinter dem Bild vermutete. Der Junge verstand wenig, war aber bewegt und fasziniert zugleich. Da verbarg sich für ihn hinter einer feinen Sprache, die er Wort für Wort einsog, ein feiner und gebildeter Geist, wie er ihn in dieser Form noch nie erlebt hatte und der ihn – den Jungen der Putzfrau – als Persönlichkeit ernst nahm.

Dann trank das ungleiche Paar einen Kaffee miteinander und die Dame legte dazu eine ORBIS-Langspielplatte auf. Sein Gehörsinn und seine Wahrnehmung begannen in eine andere, wunderbare und absolut reine Welt abzutauchen. Er hörte zum ersten Mal in seinem Leben das 2. Konzert für Violine von Béla Bartók, das er in seinem späteren

Leben noch hunderte Male hören würde – und traute seinen Ohren nicht. Er begann plötzlich zu weinen, – denn so etwas Seltsames und Schönes hatte er noch nie gehört. Eine Musik wie aus Himmel und Hölle zugleich! Die alte Dame schenkte ihm die Platte zum Abschied. Diese alte Scheibe, die er dann fast täglich – neben Rock'n'Roll und später Jazz – hören sollte, besaß er bis zu seinem 21. Geburtstag; da hatte sie schon mehr Kratzer als Tonrillen. Eine Interpretation Yehudi Menuhins, die er sich besorgte, übernahm die Stelle der Orbis-Platte. Weitere sollten folgen, aber die erste Aufnahme, gespielt von einem belgischen Wunderkind, dessen Name er vergessen hat, empfand er als die beste.

Béla Bartók öffnete Roland den Zugang zur modernen klassischen Musik. Der ungarische Komponist war und ist für Willaschek bis heute der ultimative »Chef-Inspirator – mehr noch als Arvo Pärt, Igor Strawinsky, Krzysztof Penderecki, Witold Lutosławski oder Leoš Janáček, seine Lieblinge in der zeitgenössischen Klassik. Würde man ihn heute nach dem schönsten Werk der gesamten Musik befragen, würde er immer noch das zweite Violinkonzert von Bartók nennen – eines Komponisten, der, wie er viel später in Erfahrung bringen sollte, nur wenige Kilometer vom Geburtsort seines richtigen Vaters zur Welt kam.

Seine beeindruckenden Erfahrungen mit klassischer Musik hinderten den jungen Willaschek aber nicht daran, weiterhin dem Rock'n'Roll zu frönen und dessen Entwicklung bis heute zu begleiten.

Mein Kampf

Ende 1960 hatte Roland das vielleicht einschneidendste Erlebnis überhaupt, das ihn nachhaltig prägen und seinen komplizierten Charakter bis auf den heutigen Tag belasten sollte. Er war gerade vierzehn Jahre alt, als er mit der Schulklasse ins *Weißhaus* – Klettenbergs einziges Kino – ging, um einen Film zu sehen, den Klassenlehrer Faigle den Schülern empfohlen hatte. Gezeigt wurde *Mein Kampf*, ein Dokumentarfilm des Deutsch-Schweden Erwin Leiser über den Aufstieg Hitlers und seine NS-Diktatur sowie die Vernichtung der jüdischen Mitbürger. Bis dahin hatten Roland und seine Kameraden nichts, aber auch gar nichts von den ungeheuren Verbrechen gehört, die kurz vor ihrer aller Geburt auf europäischem Boden durch Deutsche verübt worden waren. Auch nicht von den jüdischen Mitbürgern, die er kannte – wie der wunderbaren Frau Gottfeld und den lieben Simons, deren Sohn Dan einer seiner besten Freunde war. Sie durften und mussten vielleicht auch verdrängen, um das Lachen wieder mühselig zu erlernen. Die Zeit zwischen 1933 und 1945 wurde in den Berichten der Erwachsenen ausgeklammert, es sei denn, wenn es um die »Heldentaten der deutschen Soldaten im Krieg« ging. Was die Kinder mitbekamen, waren – wenn überhaupt – nur verschwommene Andeutungen über die Zeit vor Kriegsende. Auffallend waren aber antisemitische Andeutungen wie »typisch Jude!« oder die gern von Frauen vorgebrachte Äußerung, dass man im III. Reich als Frau nachts noch unbehelligt über die Straße gehen konnte.

Besonders lebendig waren Schilderungen der »barbarischen«, permanent besoffenen Russen (»Russkis«), die aus den Klosetts Wasser tranken und pausenlos deutsche Frauen vergewaltigten; Schafe, Ziegen, selbst Pferde und Kühe nicht verschmähten. Der deutsche Soldat hingegen war über jeden Verdacht erhaben, ehrenvoll, tapfer, anständig, sauber, ein echter Kamerad, der aus purer Nächstenliebe sogar die bettelarme Bevölkerung auf dem russischen Land mit Lebensmitteln vor dem Hungertod rettete. Alle Italiener waren Verräter, alle Franzosen hatten nur das Eine im Kopf, Engländer waren linke Ratten … und so weiter! Ach so: Der Führer (man sprach lange noch vom »Führer« – man sagte nicht einfach Hitler oder Adolf Hitler), so versicherte man, habe von den Gräueltaten nichts gewusst; das seien alles Taten der so genannten »Hitlerhitlers« gewesen – ein Begriff, der inzwischen völlig vergessen ist, damals aber in fast aller Munde war. Max und seine Kollegen faselten dazu oft von der Überlegenheit deutscher Waffen wie der V1 und V2 und immer wieder von den überlegenen Schlachtschiffen, wie der *Bismarck*.

Bemerkenswert bei den Willascheks: Die jüdische Urgroßmutter aus Czernowitz, von der ich über viele Ecken erfuhr, wurde bis zum Schluss von Rolands Mutter vehement verleugnet. Sie existierte im Bewusstsein der Familie Starosziuk/Willaschek praktisch nicht.

Die Erwachsenen tuschelten diese Dinge stets hinter vorgehaltener Hand; Roland bekam sie trotzdem meist mit. Er glaubte instinktiv nichts von dem, was da nahezu verschwörerisch hinter vorgehaltener Hand gemutmaßt und selten auch offen geäußert wurde, besaß schon sehr früh eine sensible Antenne für Unwahrheiten und Halbwahrheiten und stellte Fragen. Aber auf Fragen bezüglich des sogenannten III. Reiches bekamen die meisten Kinder, so auch Roland, ausnahmslos nebulösen Schwachsinn zu hören, und die Medien hielten sich damals noch äußerst bedeckt.

Die Filmdokumentation *Mein Kampf* zeigte hingegen die schonungslose Realität, nämlich authentisches Filmmaterial aus den Lagern Auschwitz, Majdanek und Treblinka: bis auf die Knochen abgemagerte Menschen, gedemütigt und gequält, aufgetürmte Leichen, Verbrennungsöfen, zynisch grinsende Aufseher und blond gelockte, junge Aufseherinnen in »fröhlich-unschuldiger« Ausgelassenheit bei – natürlich! – Akkordeonmusik.

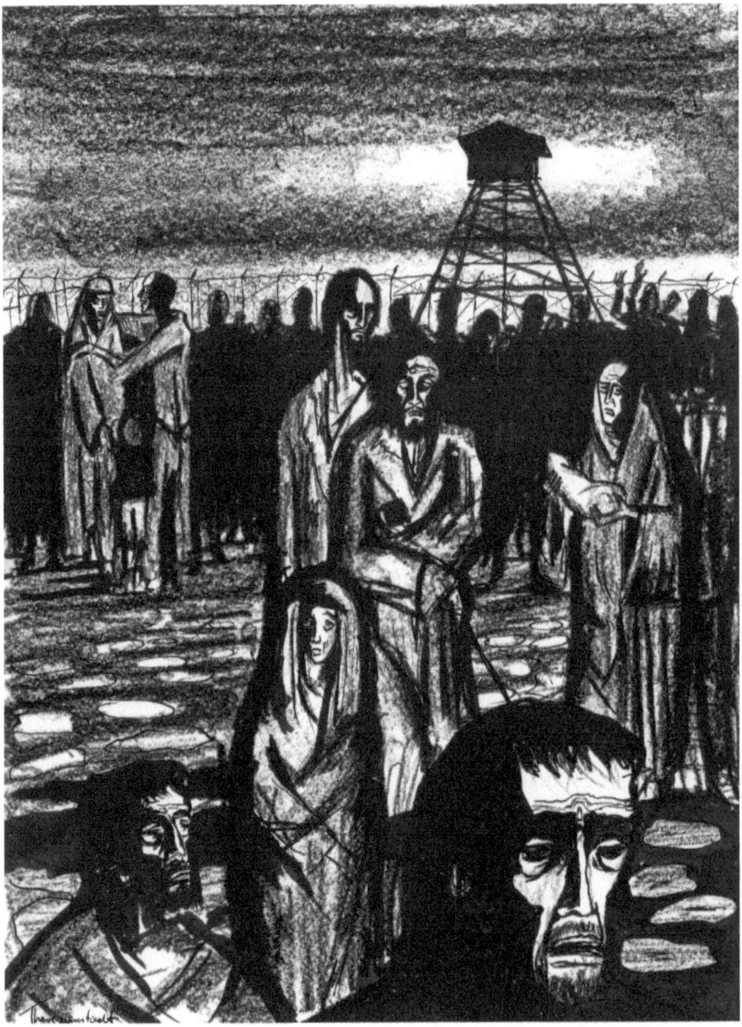

Eine der erhaltenen Zeichnungen, die RO Willaschek 1963 nach dem Ansehen des Films von Erwin Leiser anfertigte

Der Junge war nach diesem Film tagelang krank und redete mit niemandem ein Wort. Mit wem auch? Seine Ahnung von einer kollektiven Lüge bestätigte sich, aber die unsagbare Größe menschenverachtender Gewalt, die jedes Vorstellungsvermögen sprengte, überwältigte das Kind und ließ es in die wohl größte Sinnkrise seines Lebens stürzen. Es war das erste Mal, dass der Junge an einen Suizid dachte, denn er sah sich als ein Produkt dieses zur grausamsten Unmenschlichkeit fähigen Volkes. Gegen das barbarische Unrecht der Deutschen, das im Schulunterricht vorerst nicht zur Sprache kam, war die in der evangelischen Schule gern und ausführlich behandelte Inquisition der Katholischen Kirche der reinste Klacks.

Rolands Leben veränderte sich. Man hatte ihn und die Mehrzahl seiner Generation über vierzehn Jahre angelogen. Er verachtete zum ersten Mal die Deutschen und war auch zum ersten Mal froh, kein wirklicher zu sein. Er hörte auf, Ritter und Pferde zu zeichnen und begann mit Kohle- und Fettstiften Szenen aus Konzentrationslagern zu zeichnen, um so das Grauen zu verarbeiten. Bis zum achtzehnten Lebensjahr werden immer wieder das Konzentrationslager und die Opfer eins der Hauptthemen seiner Zeichnungen sein, wobei er sich der Stilmittel des unter Hitler verfemten, nun wiederentdeckten Expressionismus bediente.

Bücher

Kannte er bisher »Literatur« nur in Form von langweiligen und realitätsfernen Schullesebüchern, Comics en masse, Jerry-Cotton-Romänchen und der Bibel, griff er nun zu etwas in der Familie Willaschek völlig Fremdartigem, nämlich zur *Literatur* ohne Anführungszeichen. Als erstes besorgte er sich in der Filiale Sülz der Stadtbücherei Köln Sachbücher über das Naziregime. Er wollte das Unfassbare, das Böse verstehen. Schoenberners *Der gelbe Stern* und Kogons *Der SS-Staat* fraß er in sich hinein, obgleich er viel von dem, was bei Kogon dokumentiert war, nicht verstand. Die liebenswerte, jungfräulich daherkommende Leiterin der Bücherei mit der unsagbar dicken Brille auf der zu dünnen Nase wunderte sich offensichtlich über den wissbegierigen Jungen, schloss ihn in ihr Herz und empfahl ihm über Jahre bis zu ihrem plötzlichen Tod durch einen tragischen Autounfall unzählige Bücher, die er wie ein Ausgehungerter verschlang. Nach jeder Buchlektüre folgte ein längeres Gespräch mit der Bibliothekarin über den Text, den Autor und den zeitlichen Hintergrund. Das III. Reich aber klammerte sie ebenfalls, wie alle damals, gern aus, wenn es sich vermeiden ließ. Roland mochte die Frau sehr gern. Unter den ersten teilweise alten und zerfledderten Büchern, die sie ihm mitgab, waren unter anderem (sehr geschickt gewählt von ihr) spannende Werke von Sir Walter Scott, Robert Louis Stevenson und natürlich Jack London; es folgten die Bücher von Erich Kästner, Victor Hugo, Heinrich Mann, Kurt Tucholsky und schließlich *Der Idiot* und *Schuld und Sühne* vom großen Fjodor Dostojewski.

Die Literatur erweiterte seinen Horizont und vermittelte ihm einen Eindruck von der ganzen Spannweite menschlicher Ambivalenzen, über die er oft staunte und half ihm so, mit sich selber und mit der Umgebung ein wenig versöhnlicher umzugehen, denn er bekam endlich Antworten, mit denen er etwas anfangen konnte und die ihm einleuchteten. Das Wissen über die menschliche (und somit auch die eigene) Psyche begann mit dem Lesen und sollte ihn zeitlebens weiter beschäftigen.

Das schwarz-weiß (Gut und Böse) geprägte Weltbild des Heranwachsenden erfuhr – gerade auch durch die Werke Dostojewskis – eine gewaltige Revision. Er entdeckte, wie viele Zwischentöne es im Denken, Fühlen und Verhalten der Menschen gab. Eine weitere Revision entstand bei ihm durch die Entdeckung von Ambivalenzen innerhalb einer Person. Es gab also kein einfaches Gut und Böse und kein nur Weiß, nur Schwarz. Aber auch in der Anwendung der Begriffe war er sich nicht mehr sicher. Die Irritation und die dadurch entstehende Unsicherheit akzeptierte er früh als wesentliche Merkmale eines lebendigen Geistes. Das Denken (nicht das Be- und Verurteilen) wurde ein enger Begleiter und sogar Freund. Er begann besser mit sich auszukommen – von einer uneingeschränkten Eigenakzeptanz war er jedoch noch weit entfernt. Das Leben wurde für ihn komplizierter. Aber wurde es so nicht auch einfacher? Diese Frage beschäftigte ihn lange, ohne dass er sie je für sich beantworten konnte. Ein neuer Konfliktstoff zwischen Sohn und Mutter tat sich auf, die bis zu ihrem Lebensende eine wahre Meisterin im gnadenlosen Be- und Verurteilen von Mitmenschen sein konnte und ihr Kind somit bis zu dem beschriebenen Zeitpunkt stark mitgeprägt hatte. Die Abnabelung begann: Es waren nun nicht mehr die Mutter, die Straße und die Schule, sondern die Bücher, in denen er sich wiederzufinden versuchte mit seinen vielen und stets unbeantworteten Fragen, seinen unartikulierbaren Sehnsüchten und seinem sperrigen und zerrissenen Charakter. So erschloss sich dem Jungen in der Literatur das Ausmaß an seelischer Komplexität mit kaum geahnten Abgründen, aber auch seltenen Lichtpunkten. Er lernte zu differenzieren, zu hinterfragen und Gründe zu finden, ohne vorschnell zu be- oder zu verurteilen. Roland erkannte einen für ihn richtigen Weg und spürte, dass es so etwas wie eine Lust auf Erkenntnisse gab, die sich einstellten, wenn man sich ihnen nur nicht verbarrikadierte.

Er wurde umgänglicher und verständnisbereiter. Die Literatur half ihm auch, das innere Exil zeitweise zu verlassen, sich an fremdem Gedankengut auch außerhalb der Bücher zu beteiligen und sich – wenn auch vorsichtig – mitzuteilen. Die Gesellschaft aber blieb für ihn vorerst ein nahezu konformer Block und als solche feindliches Gebiet, in dem ein Individuum um seine innere Existenz und Wahrhaftigkeit kämpfen muss und vergeblich nach Bestätigung Ausschau hält.

Seine vorher nur gefühlte Aversion gegen Konformität jeglicher Art bekam durch die Literatur endlich ein Fundament und festigte ihn zusehends in seiner Haltung – allerdings nur bis zu dem gewissen Grad, wo es für ihn gefährlich wurde.

Später schleppte er aus der Leihbibliothek massenhaft Kunstbände mit nach Hause und vertiefte sich in die Bildsprache der Künstler von gestern und heute. Er schlich sich dann förmlich, als würde er nicht recht dazu gehören, in die Ausstellungen der Galerien und Museen. Seine Neugier auf Kunst war ebenso groß wie seine Zaghaftigkeit. Es war alles so fremd, so unverständlich, zugleich aber auch so faszinierend! Ihm fehlte schlicht die Bildung durch eine höhere, bessere Schulung – die Sprache der Anderen als unüberbrückbare Abgrenzung zum gemeinen Pöbel, zu dem er sich zählen musste. Dessen war er sich dank seiner Schul-Unbildung stets bewusst.

Er entdeckte Bilder von Miró, Klee, Arp, Kandinsky, Picasso und Picabia. Er konnte die ungeheuren Freiheiten, die sich diese zeitgenössischen Künstler »erlaubten«, nicht fassen und tat sich anfänglich auch schwer damit. RO, der für die naturgetreue Abbildung eine große Begabung hatte und stolz auf sein Können war, konnte die »Frechheiten« nicht begreifen, mit der Künstler Abstraktionen ohne erkennbares Handwerk hinschmierten. Er begann aber bald, Verborgenes und Wichtiges zu erahnen. Er merkte, dass es da etwas zu erlernen gibt. Und das wollte er unbedingt! Aber die Texte in den Museums-Katalogen und Kunstbänden aus der Bibliothek verstand er wenig bis gar nicht und ärgerte sich maßlos über die abgehobene Sprache, die eine Vermittlung verhinderte, statt dass sie Zugänge eröffnete. Er fühlte sich durch seinen begrenzten Sprachschatz ausgeschlossen.

Aus jener Zeit stammt wohl auch das tief sitzende Misstrauen, das er gegen die so genannten Intellektuellen hegt und ihn selbst davor bewahren sollte, einer zu werden.

Glaube/Unglaube oder Das Heilige und das Profane

Ein spezielles Thema, das hier nur bruchstückhaft behandelt werden kann, weil Willascheks Aussagen diesbezüglich spärlich sind und er dann gern auf seine Gedichte und Bilder verweist, ist sein früher Hang zu Spiritualität und einer Art religiöser Metaphysik; ein für ihn noch heute stark bestimmendes, aber äußerst schwieriges, wenn nicht gar unmöglich zu packendes Thema, das dennoch zumindest kurz angerissen werden soll, um den Roland von damals besser verstehen zu können.

So lange er denken und fühlen kann, lebte Willaschek in einem Spannungsfeld zwischen kindlichem Glauben beziehungsweise Aberglauben und der ihm ebenso eigenen kritischen Distanz zu allem. Er fühlte sich anders als die Anderen, was schon früh beitrug zu einem Gefühl innerer Vereinsamung. Ein Indiz dafür war, dass er ständig durch Fehlreaktionen auffiel, die ihn in manche Schwierigkeiten brachten. Zum Beispiel lachte er, wenn andere trauerten, war aggressiv, wenn andere im Kreise ausgelassen waren, war laut, wenn andere leise waren und umgekehrt. Dann stellte er Fragen, die seine Umgebung nicht interessierten und fand an Dingen Interesse, die ihn zum Objekt skeptischer Musterung machten.

Sein früher Hang zu religiösen Fragen und Mystik war einer der Wesenszüge, der ihn zum Außenseiter abstempelte. Die damals noch üblichen Herleitungen aus »genetischen« Volkseigenschaften brachten RO Willaschek früher dazu, als Erklärung oder Entschuldigung für sein Anderssein vorzubringen, dass seine direkten Vorfahren noch in den Wäldern der Karpaten mit Bären und Wölfen in unmittelbarer Nachbarschaft hausten, mit bösen Geistern, Vampiren, dem Grafen Dracula im Kopf, Werwölfen und der auf all dieser Naturmystik aufsitzenden Spiritualität (oder auch Mystik) der Orthodoxen Kirche. Dieses unverkrampft wirkende Neben- oder Miteinander von vorzeitlichem Naturglauben, Aberglauben und frühchristlicher Orthodoxie findet man noch heute in den spärlich besiedelten Karpaten.

Alles, was der junge Roland an religiösen Äußerungen las oder hörte, fand seine ungeteilte Aufmerksamkeit; seien es hingeworfene Phrasen seiner Mutter oder Großmutter, der Lehrer oder der Prediger in der Kirche, wo er ausnahmsweise – und nur da – konzentriert und still sitzen konnte, das Verkündete in sich aufnahm, nur um es dann sofort wieder zu hinterfragen. Die Bibel, in der er oft las, war für lange Zeit eine unbedingte Instanz, an der er Gehörtes und das Treiben in seiner Umgebung unerbittlich be- und verurteilte. Seine Bewertungen waren selten positiv, eher vernichtend. Die Diskrepanz zwischen den Worten eines Jesus – wobei es Roland merkwürdigerweise nie um die Frage ging, ob Christus nur ein Weiser oder tatsächlich der Sohn Gottes war – und den Taten derer, die in seinem Namen zu handeln vorgaben, war für den Jungen ein zentrales und mit Konflikten beladenes Thema: ein ständiges Dilemma.

Die kompromisslose Akzeptanz des Nächsten, vor allem der Unterprivilegierten und sogenannten Sünder, die Jesus in seiner Bergpredigt manifestierte, beeindruckte den Jungen zutiefst. Da sprach für ihn einer Sätze aus, die er nirgendwo sonst von einem Erwachsenen je gehört hatte, es sei denn als Zitat zu unpassender Gelegenheit. Die zweitausend Jahre alten Aussagen eines charismatischen Juden, gesprochen zu einer Zeit, in der es weder soziologische Erhebungen noch psychologische Erkenntnisse gab, waren für Roland absolut revolutionär und sollten ihn, trotz permanenter Zweifel, bis ins hohe Alter hinein begleiten.

Dem Konfirmationsunterricht bei Pfarrer Boysen, der, wie RO Willaschek viel später erfuhr, im III. Reich eine unrühmliche Rolle gespielt hatte, folgte er aufmerksam, brachte sich aktiv mit ein und ging auch regelmäßig in den zusätzlich von Boysen geführten Bibelkreis. Dabei entdeckte der Knabe einige nicht unerhebliche Unstimmigkeiten zwischen der evangelischen, lutherischen Lehre und der Bibel. Leidenschaftlich diskutierte er zum Beispiel das Sabbatgebot – immerhin eins der Zehn Gebote – und verstand nicht das so locker gehandhabte Sakrileg gegen ein Gebot, das die Lutheraner kritiklos von der Römischen Kirche übernommen hatten. Ausreden wie: »Der Sonntag ist *der* Sabbat« ließen den jungen Roland kalt, war er doch eng mit Dan Simon, seinem jüdischen Klassenkameraden, befreundet und wusste ziemlich genau, welcher Tag der Sabbat war und auch, was er bedeutete. Pfarrer Boysen gab dem Jungen merkwürdigerweise Recht und meinte, die Reformation wäre mit dem Tode Luthers leider zum Stillstand gekommen, und dass er selbst dies sehr bedauere.

Mit diesem Satz des frommen Mannes im Kopf potenzierte sich der Zweifel am christlichen Glauben, zumindest wie er in der Praxis vorkommt. Er begann spätestens im Konfirmationsunterricht mit der Suche nach einem Gott außerhalb eines institutionellen Gefüges. Parallel dazu aber beschäftigte er sich in seinem reduzierten Rahmen mit den Lehren anderer Religionen und Glaubensrichtungen. Die aus den Worten eines Jesus Christus resultierende Gerechtigkeit und Güte fand beim jungen Roland selbst, trotz des unbedingten Willen zum Guten, selten eine Entsprechung; erst recht nicht in der bigotten Gesellschaft, in der er irgendwann nur noch das wahnsinnige Treiben einer bizarren Komödie sah. Doch führte dieser Konflikt bei ihm nicht – wie es vielleicht normal gewesen wäre – zu einer völligen Ablehnung von Religion, wie es bei der überwiegenden Mehrzahl seiner Generation war. Der Glaube, aber auch der Zweifel sollten ihn wie ein zweifacher Schatten zeitlebens begleiten.

Die offensichtliche Diskrepanz zwischen Lehre und Leben ließ ihn früh eine radikal ablehnende Haltung gegenüber klerikalen Einrichtungen – gleich welcher Couleur – einnehmen. Er konnte den absolutistischen Wahrheitsanspruch nicht nachvollziehen, den ausnahmslos alle Institutionen, die sich auf ein göttliches Überwesen beriefen, wie selbstverständlich in ihrem Programm führten. Ebenso ging es RO später mit politischen und weltanschaulichen Ideologien. Sein Fazit: Ideologien, Religionen und Weltanschauungen sind austauschbar. Willaschek zitiert zu dem Thema gern einen Spruch, den er aus Rumänien kannte: »Der Wolf kann sich perfekt als Schaf verkleiden, bleibt aber trotzdem ein Wolf!«

Für den fast krankhaft kritischen Jungen war die religiöse Thematik viel zu komplex, als dass sie widerspruchsfrei in eine durch Dogmen und sonstige Paragraphen eingeengte Vereinsmeierei gepasst hätte. Das hatte mit dem Schöpfergott, wenn er denn existierte, wenig bis gar nichts zu tun. Der »institutionalisierten Pseudo-Spiritualität« sagte er mit fünfzehn Jahren konsequenterweise adieu und trat zum Entsetzen seiner Eltern nach der Konfirmation aus der Evangelischen Kirche aus.

Das Ende der Schulzeit

Fast zur gleichen Zeit war auch die verhasste Schule zuende. RO Willaschek erinnert sich noch genau an den letzten Gang von der Schule in Richtung der »ersten echten« Softeisdiele Deutschlands auf der Luxemburger Straße, wo sich die »halbstarke« Jugend aus Sülz und Klettenberg bei Schmuserock-Musik traf und dementsprechend gemäßigt austobte. Mit der Volksschule am Manderscheider Platz zum allerletzten Mal im Rücken grölten beglückt vier bis fünf wild gewordene ehemalige Volksschüler über die – wie sie ernsthaft glaubten – neu erworbene Freiheit, freuten sich in ihrer Naivität auf die Arbeitswelt, die sie jetzt betreten sollten und schimpften ausgiebig und großspurig über sämtliche Autoritäten der Welt: Eltern, Lehrer, Politiker, Unternehmer und Pfaffen. Alle bekamen lautstark ihr Fett ab. Ein krumm gehender alter Herr mit zu großer Nickelbrille auf der ebenfalls zu großen Nase, in einem zu langen dicken Mantel steckend und mit einer Baskenmütze auf dem Kopf begleitete die Jungen lächelnd ein Stück und verabschiedete sich von ihnen mit den Worten:

»Mit euch wäre ein Hitler nie möglich gewesen! Alles Gute für eure Zukunft!«

Mit diesen schönen Worten, die der junge Roland gern glauben wollte, war seine Kindheit endlich ausgestanden.

Teil II

Ich wider Gegen-Ich

(1961 - 1980)

Die Lehre

Die neun zähen Jahre in einer damals noch als Volksschule ausgewiesenen »Zuchtanstalt« waren endlich nur noch Erinnerung. Roland Willaschek machte Pläne für die Zukunft. Er wollte wegen seines Zeichentalentes unbedingt eine Ausbildung zum Graphiker machen, fand aber im gesamten Raum Köln keine der damals so heiß begehrten Lehrstellen. Er wusste nicht, dass man in dieser Sparte vorzugsweise Bewerber mit höherer Schulbildung einstellte. Auch Bewerber*innen* hatten damals trotz Abitur noch schlechte Karten. Ein Herr Dr. Nießen vom Arbeitsamt Köln-Mitte, der für den Fachbereich zuständig war und dem RO sich anvertraute, stellte ihm schließlich eine Lehrstelle in Aussicht – allerdings erst in zwei Jahren; er riet dem Fünfzehnjährigen zudem, erst einmal die notwendige Eignungsprüfung für den Eintritt in das sich damals noch extrem elitär gebende graphische Gewerbe zu absolvieren. Diese Prüfung zog sich über zwei Tage hin. Sie beinhaltete überwiegend kreative Aufgaben, fragte aber auch Allgemeinbildung ab. Und Volksschule hin, Zuchtanstalt her – der Junge schnitt als Prüfungsbester unter den vierzig Bewerbern und zwei Bewerberinnen ab. Dr. Nießen, der die Prüfung streng beaufsichtigte und anschließend auswerten musste, beschäftigte sich danach intensiv mit dem hoffnungsvollen Burschen und hatte plötzlich – wie aus dem Zauberhut – eine Top-Lehrstelle beim DuMont-Schauberg-Verlag für ihn. Allerdings sollte er die Ausbildung erst ein Jahr später antreten können. Nießen riet ihm, die Zeit mit einer anderen Lehrstelle zu überbrücken, die die spätere Graphiker-Ausbildung sinnvoll ergänzte.

So kam RO in die Lehre als Reproduktionsphotograph in eine Klischeefabrik – vornehmer ausgedrückt: in eine *Chemigraphische Kunstanstalt*.

Da stand er nun vor den unglaublichen Reprokameras in der altehrwürdigen Firma Ludwig Fein auf dem Thürmchenswall und staunte nicht schlecht über deren Größe. Die kleinste der Kameras, eine SAV 60-Vertikalkamera, war immer noch zwei Meter hoch, und die größte, eine Horizontalkamera, war riesig wie ein Straßenbahnwaggon. Ihm wurde alles im Schnelldurchgang erklärt. Er verstand natürlich nichts und wollte nur raus aus dieser entsetzlich nach giftigen Chemikalien stinkenden Firma …

Da das analoge Zeitalter unwiderruflich der Geschichte angehört, sei hier kurz erläutert, dass mit den riesigen Repro-Kameras Fotos, Bilder aller Art, gesetzte oder handgeschriebene Texte reproduziert wurden. Sie wurden also auf die später zu druckende Größe vergrößert oder verkleinert, auf lithographische Filme aufgenommen und dann – was damals noch niemanden zu interessieren schien – in hochgiftigen Entwicklern bei dunkelrotem Licht und ständiger Kontrolle mit einer starken Lupe in Schalen entwickelt. Fotos und Bilder wurden bei diesem Aufnahmeverfahren bereits *gerastert:* Grau- und Farbtöne wurden in winzige, aus den vier Druck-Grundfarben bestehende Punkte zerlegt. Dieser Prozess erforderte vom Repro-Photographen hohen Sachverstand, mathematisches Denken, Geschicklichkeit und ein scharfes, künstlerisch geschultes Auge.

Der taufrische Lehrling sah erst einmal nur monströse Maschinen, die ihn gewaltig einschüchterten. Zudem war ihm der Gestank nach Chemikalien anfangs unangenehm; das sollte sich später ändern: da entwickelte er eine fast nostalgische Liebe zu diesem Geruch, weil er symbolisch für handwerkliche Könnerschaft stand.

Bis auf das mathematische Denken, das ihm völlig abging, brachte RO Willaschek alle Voraussetzungen für das graphische Gewerbe mit, musste aber, wie damals üblich, zuerst für mindestens ein Jahr »niedrigste Sklavendienste« verrichten. Da gab es einiges, das heute undenkbar wäre –

wie etwa das elendige Abwaschen zäher Druckfarben von den schweren Walzen der Andruckpressen. Er sah danach jedesmal aus, als hätte man ihn aus dem Mülleimer gezogen. Außerdem stank er bestialisch nach den Reinigern, die heute garantiert verboten wären. Dann »durfte« er Dunkelkammern schrubben, Kameras warten, Entwicklerschalen reinigen und Chemikalien ansetzen. Letzteres machte ihm jedoch Spaß – wusste er doch noch nichts von den toxischen Qualitäten von Metol (Photo-Rex), Quecksilberchlorid, Hydrochinon, Paraformaldehyd und so weiter. Es schien damals keinem aufzufallen, dass kaum ein Repro-Photograph über fünfzig Jahre alt wurde und die meisten an Krebs starben. Da das graphische Gewerbe aber seit je an entsetzlichem Durst litt, schob man in den »oberen Etagen« die kurze Lebenserwartung einfach auf den enormen Alkoholkonsum und auf die Zigaretten. So einfach war das damals. Außerdem »durfte« Roland Willaschek vor jeder Mittagspause für die meist arrogant auftretenden Gehilfen einkaufen gehen, was eine Qual für die Lehrlinge war. Milch, Bier und Zigaretten mussten eingekauft werden, Fisch vom weit entfernten Ebertplatz, Salate aller Arten, Magerquark für den einen Gesellen und Sahnequark für den anderen … Die »feinen« Herren hatten meist Spezialwünsche, die auch noch genauestens abgerechnet werden mussten. Und wehe, man hatte sich um einen oder zwei Pfennige vertan!

RO Willaschecks naiver Traum von der Unabhängigkeit brach im Nu wie ein Kartenhaus zusammen. Statt die neu erworbene Freiheit zu genießen, musste er jeden Tag über neun Stunden lang diese stumpfsinnigen Frondienste verrichten. Die empfand er in seinem Stolz zwar als höchst erniedrigend, doch fügte er sich merkwürdigerweise. RO lernte, entgegen seinem sonstigen Naturell, den täglichen Frust in sich hineinzufressen. Die Wochenenden wurden zusätzlich »versaut« durch die Pflicht des Lehrlings zum

Führen sogenannter Berichtshefte. In diesen vorgedruckten Heften mussten sämtliche Tätigkeiten, auch das Fegen, Putzen, Einkaufen gehen, mit genauer Zeitangabe akkurat dokumentiert werden. Zusätzlich musste er jede Woche einen fachbezogenen Aufsatz verfassen. Nur: Worüber sollte er im ersten Lehrjahr schreiben? Über die Vorliebe seines direkten Ausbilders, des Herrn Fitzner, zur Frage der rechten Dosierung von Kräutermayonnaise zum täglichen Backfisch? Oder über das fachgerechte Ausfegen einer Dunkelkammer?

Er und die Lehrlinge aus den anderen Abteilungen mussten zudem eine halbe Stunde früher als die »Herrenmenschen der Schwarzen Kunst« im Betrieb antanzen, denn alles musste für sie auf das Penibelste vorbereitet sein. Dafür durften die Lehrlinge nach Feierabend die Arbeitsräume erst verlassen, nachdem sie sämtlichen Dreck der »Herrschaft« beseitigt hatten.

Die Arroganz der Gehilfen war grenzenlos. Herr Fitzner zum Beispiel, ein pickliger Lockenkopf mit Flachkinn und listigen Schweinsaugen, begegnete ihm mit geradezu sadistischer Herablassung. An jedem noch so winzigen Fehler des Anfängers hatte er seine diebische Freude und kommentierte ihn schief grinsend. Das war für den Fünfzehnjährigen schlimmer als die Prügel und das Herumbrüllen seines Stiefvaters, denn dagegen konnte er sich zumindest innerlich wehren, aber solchem Zynismus war er wehrlos ausgesetzt. Fitzner, der Ausbilder, konnte oder wollte das höchst komplizierte Handwerk kaum vermitteln. Wenn es sich jedoch nicht vermeiden ließ, und er tatsächlich einmal etwas erklären musste, äußerte er sich nur in hingeworfenen Stichworten, die Roland wenig bis nichts sagten.

Etwa sechs Jahre später sah er Herrn Fitzner zufällig in Solingen wieder. Roland spazierte mit seiner damaligen Freundin, der »lieblichen Olga«, über die in diesem Text später noch berichtet werden wird, durch die Stadt und sah

Fitzner betont lässig vor einem Café sitzen. Er begrüßte ihn mit seinem typischen Zynismus von oben herab und machte sich lustig über Rolands Begleitung. Da riss beim einstigen Lehrling der Geduldsfaden; er verprügelte den Mann an Ort und Stelle. Die Polizei musste einschreiten. Fitzner verzichtete auf eine Anzeige. Roland sollte diesen impertinenten Gernegroß nie wiedersehen. Doch die späte Revanche für Fitzners Verbalprügel waren RO – wie man im zynischen Damalsdeutsch sagte – *ein innerer Reichsparteitag*. Die sanfte Olga fand den Vorfall hingegen weniger schön; sie war sogar entsetzt, kannte sie doch in ihrem Galan nur den friedfertigen und sensiblen Dichter, zärtlichen Liebhaber (natürlich rein platonisch) und Bildchenmaler.

Einmal in der Woche ging es für die Lehrlinge in die Berufsschule, die RO tatsächlich Spaß bereitete und ihn nur selten langweilte. Hier konnte er endlich Grundlegendes über den Beruf lernen. Seine ausnahmslos männlichen Mitschüler waren alle älter als er und brachten somit auch eine bessere Vorbildung mit. Die meisten hatten Abitur oder zumindest die Mittlere Reife und zeigten »enorme« Erfahrungen, die Willaschek oftmals in Staunen versetzte – vor allem auf dem Gebiet der Geschlechtsreife. Die Jungs prahlten von wilden Wochenend-Abenteuern mit »tollen Weibern«, die sie reihenweise »flach legten« – Berichte, die der noch völlig unbelastete RO allesamt für bare Münze nahm. Deren »Helden« bewunderte er umso neidvoller, als sich ihm hier eine neue Welt auftat, die ihn magisch anzog, vor der er, der Spätzünder, aber auch große Scheu zeigte.

In der Berufsschule gab es viel zu lernen: Optische Gesetze, Chemie, mathematische Formeln, politische und gesellschaftliche Zusammenhänge, Kalligraphie, Typographie und anderes mehr. Vieles, was vermittelt wurde, hatte mit dem Beruf nichts zu tun, aber Willaschek nahm alles gierig auf, denn alles war völlig neu für ihn, und er folgte dem Unterrichtsstoff mit wachem Interesse.

Die pornographischen Fotos, die während des Unterrichts unter den Bänken von Hand zu Hand gingen, eröffneten dem jungen Willaschek eine berauschende Welt. Die Fotos wurden getauscht und gehandelt, um sie dann draußen in der noch prüden Bundesrepublik mit ihrem Pornographie-Verbot zu Höchstpreisen zu verscherbeln. Es handelte sich bei diesen Fotos allesamt um heimlich angefertigte Reproduktionen von Aufnahmen photographischer Könner, die das Sujet heimlich, aber meist brillant beherrschten.

Da entdeckte RO einen entscheidenden Vorteil in seiner vorläufigen Berufswahl. Unter den photographischen »Delikatessen« waren, auch wenn das keinen interessierte, Abzüge von nahezu künstlerischem Wert, Photographien aus der Zeit um 1900 etwa mit der damaligen Vorliebe für gigantische Hintern; dann gab es abstruse Szenen aus der Nazi-Zeit, auf denen allesamt Frauen mit kurzen Beinen, ausladenden Hüften und kleinen Brüsten zu sehen waren, die zudem noch betont doof dreinschauten; schließlich die Highlights, meist frisch aus den USA: langbeinige Beauties mit riesigen Oberweiten. Was hatten er und die Jungs für einen Spaß!

Nach der Berufsschule an der Ulrepforte zogen die Burschen weiter durch die nahe gelegene Nächelsgasse, jenes legendäre »Puffsträßchen« am linksrheinischen Ausläufer der Severinsbrücke, das man später, aus welchen scheinheiligen Gründen auch immer, liquidierte. Damals jedoch war es einfach das Gässchen der »fleischlichen Glückseligkeit«. Einige der Berufsschüler – vor allem die älteren, die bereits ausreichend verdienten – nahmen die Dienste der immer quietschfidelen Damen rege in Anspruch. Sie verschwanden für kurze Zeit in den winzigen Häuschen, um hernach wie Kriegshelden von der gewonnenen Schlacht zu berichten. Die anderen Jungmannen, die das magere Lehrlingsgehalt zu Hause abgeben mussten, oder Roland, der für solche Scherze noch zu jung war, standen draußen mit hochroten Ohren und bewunderten kostenlos die Schöpferphantasien eines wirklich guten Gottes, die ihnen unter Gekicher und anzüglichem Geschwätz durch die Fenster großherzig offeriert wurden. Willaschek mochte die Damen sehr, obwohl er es ihnen nie zeigen konnte.

Die erste eigene Behausung

In dieser Zeit zog Familie Willaschek in *Schloss Pipi* in der Petersbergstraße eine Etage höher und belegte zwei frei gewordene Wohnungen mit je drei winzigen Zimmerchen und vorsintflutlichen Bädern, wie man sie heute nur noch in Museen bestaunen kann. Die Wohnungen waren durch einen langen Hausflur getrennt, und das brachte dem jungen Roland, der die kleinere der beiden Wohnungen in Beschlag nahm, endlich ein enormes Stück ersehnter Freiheit, räumlichen Abstand von den Eltern und vor allen Dingen: Abstand von Max Willaschek. Es war für den »Halbstarken« der reinste Luxus, kannte er bis dato so etwas wie ein Kinderzimmer doch nur von anderen. Zehn lange Jahre hatte er sich zwei »Wohnlöcher« ohne Bad oder Dusche mit den Eltern geteilt.

Er konnte nun endlich allein sein, kommen und gehen, wann er wollte, Musik hören, wann und wie laut es ihn gelüstete, Besuch empfangen und mit Gleichgesinnten die Nächte durch über Frauen und Kunst diskutieren, dabei Unmengen Tee, Kaffee und Zigaretten vernichten, nicht selten auch mal eine verbotene »Tüte« rund gehen lassen. Alkohol spielte seltsamerweise erst später eine Rolle, wurde dann aber für manchen seiner Gäste gleich zum Problem … Vor allen Dingen konnte er nun endlich seine individuelle Unordnung pflegen. Zwei Räumchen dienten zu Wohn- und Schlafzwecken, das dritte Zimmerchen dem herrlichen Chaos, das er sich lustvoll erlaubte. Darin ging er auch seiner »Kunst« nach. Die Miete war selbst für damalige Verhältnisse enorm niedrig, und Essen gab es gewohnt gut bei der in solchen Dingen wunderbar fürsorglichen Nachbarin, der Mutter Ottilie. Für beides zahlte er von seinem Lehrlingsgehalt. Es blieb aber genug übrig für modischere Klamotten, Schallplatten und Plattenspieler,

Zeichenmaterial, Bücher und auch die ersten Zigaretten. Alkohol lehnte er – im Gegensatz zu den meisten seiner damaligen Freunde – strikt ab und sparte so einiges an Geld. Er war überhaupt schon aus Gewohnheit sehr sparsam – und so funktionierte die zwar bescheidene, aber eigenbestimmte Existenz recht gut.

Das neue Dasein bestand aus mehreren Lebenssphären: der der Arbeit als Basis für alles Weitere, dann der des Strebens nach künstlerischer Entäußerung, weiter der nach Allgemein- und Spezialwissen geordneten, und der ihn immer noch beschäftigenden spirituellen Welt. Über allem aber herrschte zu Beginn noch die »entsetzliche« Pubertät mit ihren permanenten und vielfältigen Irritationen: Man nannte es damals sinnigerweise: Mannwerdung.

Die Adventisten

Für RO Willaschek begann ein neues Leben. Alles musste revidiert, neu bewertet, anders beantwortet werden. So auch die Frage seines religiösen Interesses. Es sollte eine merkwürdige Veränderung erfahren, die mit einem Besuch begann: Rolands Großmutter, die in doppeltem Sinn gewichtige Susanne, kam an einem Sonntag aufgeregt zu den Willascheks. Die Familie befand sich gerade vollzählig beim Mittagsessen. Susanne berichtete vom zufälligen Besuch eines adventistischen Pastors, dessen Berichte sie sehr aufgewühlt hatten. Der hätte ihr nämlich von Dingen erzählt, die sie als tiefreligiöse Protestantin schon immer geahnt habe. Nach einem ausführlichen Gespräch mit dem Prediger habe sie dessen Angebot angenommen, sie in »Gottes Wort« zu unterrichten. Oma Susanne war noch beim Wiedererzählen komplett aus dem Häuschen. Roland bekam große Ohren. Die Großmutter erzählte schließlich auch von ihrer ersten Begegnung mit Adventisten, die weit zurück lag. RO hörte zum ersten Mal davon: Ihr Mann, Rolands 1944 verstorbener Großvater, hatte der adventistischen Gemeinde in der Zeit der faschistischen Antonescu-Diktatur (1940-44) im noch rumänischen Königreich sein Haus für die Gottesdienste an den Sabbattagen (Samstagen) zur Verfügung gestellt. Der von den Faschisten verfolgten Gemeinschaft hatte man in Vatra Dornei, der kleinen Karpaten-Stadt, in der die Familie Starosziuk lebte, die Kirche niedergebrannt und ihnen Versammlungen und Gottesdienste, egal wo, bei Haftandrohung verboten. Der Großvater, der der Orthodoxen Kirche anhing und nie an den Gottesdiensten der Adventisten teilgenommen hatte, sich auch angeblich nie für ihre Lehre zu interessieren schien, stellte, als freiheitsliebender Sozialdemokrat, wie er betonte, die kleine Gemeinde unter seinen Schutz, bot ihnen sein Haus für die Sabbatgottesdienste an und landete dafür auch prompt ins Gefängnis. Als er schließlich nach mehreren Monaten entlassen wurde, kam er als fröhlicher Mann zurück zur Familie und sagte zu seiner Frau: »Ich bin so glücklich, dass ich meinem Gott etwas zurückzahlen konnte!«

Willaschek, der Jahre später, als Neunzehnjähriger, mit seinem Vetter Otmar Rath die Gemeinde in Vatra Dornei in den Karpaten Rumäniens aufsuchte, lernte noch einige der mittlerweile alt gewordenen Adventisten kennen, die sich dankbar an den alten Michael Starosziuk erinnerten und ihn wortreich als einen guten, tapferen und weisen Men-schen beschrieben. Einige der verhutzelten Mütterchen bezeichneten ihn darüber hinaus – leicht verschämt kichernd – als schönen und stattlichen Herrn. Das hörten die Enkelsöhne natürlich gern, denn nun bekamen sie ein genaueres Bild vom Großvater, den sie bislang nur von vagen Beschreibungen her kannten.

Als Roland mit fünfzehn Jahren aus der protestantischen Kirche austrat, hatte er nicht im Traum daran gedacht, jemals wieder einem »religiösen Verein« beizutreten. Er interessierte sich dennoch für alternative Gottesvorstellungen, beschäftigte sich mit den Dogmen unterschiedlichster Sekten und lernte dabei oftmals das Fürchten. Er suchte womöglich – zumindest geistlich – so etwas wie ein Zuhause, entdeckte aber fast nur unvorstellbare Abgründe von Ignoranz und schlichter Dummheit. Die Adventisten aber interessierten ihn schon vor dem Besuch der Großmutter. Sie hatten zwar so etwas wie eine *reine Lehre* nach der Bibel, hielten auch das über die Reformation Luthers hinausgehende Sabbatgebot, aßen nach dem mosaischen Gesetz koscher (unter anderem kein Schweinefleisch) und hatten die für ihn völlig logische Erwachsenentaufe. Übertrieben war in seinen Augen der überflüssige Kult um den paulinischen *Tempel des Heiligen Geistes* – die menschliche

Physis. Sie rauchten nicht und verabscheuten Alkohol. Es war ihnen wie ein Gesetz. Das ging Willaschek viel zu weit, roch zu sehr nach amerikanischem Puritanismus. Aber er erkannte: Kaum etwas existiert im menschlichen Bereich ohne Kompromisse. Er gab seine Suche nach einer *totalen Wahrheit* schließlich auf. Sie erschien ihm wie eine Chimäre, gemacht für Romantiker und Fanatiker.

Ein Jahr später ließ Roland sich nach intensivem und spannendem Bibelstudium beim adventistischen Theologen Pastor Conrad Drüge – vormals katholischer Priester – zeitgleich mit seiner Großmutter taufen. Seine Eltern, ja, sogar Ottilies SS-Bruder Michael folgten wenig später. Der schon sehr alte Prediger Drüge war ungemein belesen und konnte sein fabelhaftes fachtheologisches Wissen hervorragend vermitteln. Roland hatte zu ihm ein gutes, fast freundschaftliches Verhältnis, und auch mit der Mehrheit der Menschen in der kleinen Kölner Gemeinde am Pantaleonswall kam er gut klar. Selten hatte er später Menschen kennengelernt, die eine so glaubhaft positive Ausstrahlung besaßen und so ungewöhnlich tolerant waren. Jedenfalls behauptet das Willaschek noch heute ernsthaft, möchte die Aussage aber auf die Kölner Gemeinde beschränkt wissen. Außerhalb Kölns lernte er auch in Adventistenkreisen oft das Fürchten.

Er gehörte nun automatisch zur *Advent-Jugend*, eine Bezeichnung, die er lächerlich fand. Aber in dieser lose sich treffenden Gruppe, in der auch lange anhaltende Freundschaften entstanden, sollte er ein paar schöne, ein paar weniger »erfrischende« und ein paar bizarre Geschichten erleben.

Britta Zagel

Das eindrucksvollste Erlebnis der *Advent-Jugend*-Zeit sollte ihn über das Jahr 1980 hinaus in Form eines weiblichen Wesens wie aus einer fernen Galaxie intensiv beschäftigen. Der damals trotz der großen Klappe noch extrem schüchterne Halbstarke begegnete der ersten echten Liebe seines Lebens. »Sie« war ein rastloses »Kraft-Ei«, ein unsteter Wirbelwind, ausgestattet mit einem Charme, der ein Heer gestandener Männer mit einem Augenaufschlag innerhalb von Sekunden völlig kopflos machen konnte. Interessanterweise hatte sie große Ähnlichkeit mit der kleinen Lydia Bloch, Rolands Kinderliebe aus der Volksschule.

Roland lernte Britta während einer mehrtägigen Jugendfreizeit kennen. Es war im Frühjahr 1962 in Mühlenrahmede bei Altena im Sauerland, wo die Adventisten auch heute noch ein idyllisch auf einem Berg gelegenes Erholungsheim unterhalten. Witzig ist, dass diese Gegend für Jahre auch das bevorzugte Ziel der CVJM-Jungschar gewesen war. Roland und seine Bande hatten hier regelmäßig gezeltet und die Gegend unsicher gemacht. Er liebte diese Gegend mit ihrer rauen, üppigen Natur. (Wie es der Zufall wollte, genoss er in unmittelbarer Nähe des damaligen Geschehens zusammen mit seiner mandeläugigen Schönheit, Namyeun Choy, in zweiter Ehe den Beginn seines Ruhestands.)

Die Jugendfreizeit bestand im Wesentlichen aus der zähen Beschäftigung mit – damit nur ja keine Diskussionen aufkamen – absichtlich unspektakulären Stellen der Bibel, aus Wandern und aus gesundem, biologisch angebautem fleischlosem Essen, das dennoch hervorragend mundete. Da hatten die Adventisten – sehr lange vor der Ökologie-Bewegung – bereits Maßstäbe gesetzt. RO bearbeitete in jeder freien Minute seine Gitarre. Damit und mit seinem berühmten falschen Englisch beeindruckte er das weibliche Geschlecht zwischen zwölf und achtzehn. Im Angeben war er ja ohnehin geübt.

Ein Mädchen mit wirrer dunkelbrauner Lockenpracht, ewig schief grinsendem vollem Mund und Augen, die einen zu durchtrennen schienen, interessierte den »halbstarken« Willaschek. Sie war im eigentlichen Sinne nicht schön, hatte aber etwas im Übermaß, das anderen Frauen, und waren sie noch so attraktiv, völlig abging: *das gewisse,* schwer bis gar nicht zu beschreibende *Etwas!*

Wie immer, wenn es bei Frauen damals ernst wurde, befiel den Jungen eine rätselhafte Schüchternheit. So großspurig, laut und viel er sonst vor allen – auch Frauen – redete, bei diesem Mädchen versagte sein Mundwerk …

Britta Zagel – so wollen wir »seine« aus Berlin angereiste fünfzehnjährige »Göre« nennen – übernahm schließlich die Initiative und leerte, mangels Erfahrung in Eroberungen, eine komplette Tube Zahnpasta in Rolands dicken Wanderschuhen. Dieser derbe Spaß, den er ihr in keiner Weise krummnahm, war der Beginn einer merkwürdigen (Liebes-)Beziehung, die aber, laut Aussage Willascheks, viel zu lange und einseitig andauern sollte.

Was machen junge, unerfahrene Menschen, die zum ersten Mal richtig verliebt sind? Sie gucken sich wie verblödet stundenlang in die Augen und bringen, wenn überhaupt, nur gestotterten Unsinn über die ausgetrockneten Lippen. Als absoluten Höhepunkt fasst man sich beim Abschied an den Händen und hält sie, um sie ja nie wieder loszulassen. So auch der Abschied der beiden jungen Menschen am Ende der Jugendfreizeit. Sprachlos und mit nassen Augen hielten sie ihre Hände ineinander verkrampft. Noch ein einziger flüchtiger Kuss auf die Wange, dann stolperten sie mehr als sie gingen den Berg hinunter zu dem »grausamen« Reisebus, der das aufregende Mädchen hinfort, fort ins ferne ferne Berlin, ihr Zuhause, »verschleppen« sollte.

Es war wohl das erotischste Erlebnis seiner frühen Jahre, die reinste Metaphysik! Unfassbar schön und schmerzlich zugleich. Ein Gefühlsmischmasch, wie man ihn im Leben äußerst selten (wenn überhaupt) erlebt, und den man trotz aller Worte, über die man zu verfügen glaubt, unmöglich beschreiben kann!

Zurück in den Alltag

Die Realität in Form eines öden Alltags als Lehrling holte ihn schnell wieder ein und ließ den verliebten Roland unsanft zurück auf den dumpfen Erdboden plumpsen. Das erste Lehrjahr war für Willaschek und seinen Mitlehrling, Rolf von Sievers, der die Lehre zum Klischeeätzer machte, nichts als verlorene Zeit. Die Arbeit der Lehrlinge diente nur der Firmenleitung, die durch sie teures Putzpersonal einsparte, und den Gesellen, die sich auf Kosten der *armen Würstchen* austoben und wenigstens ihnen gegenüber wie Herrenmenschen fühlen durften.

Lichtpunkt für die zwei »Stifte« waren lediglich die Mittagspausen. Die Klischeefabrik befand sich am Thürmchenswall, direkt am Rhein, und so konnten die Jungs ihre mitgebrachten Brote am Rhein sitzend vertilgen, das vorbeifließende Wasser beobachten und fleißig auf die niederträchtigen »Arschlöcher« fluchen, die sie wie Dreck behandelten.

Roland wehrte sich – ganz entgegen seinem sonstigen Naturell – nicht, sondern nahm alles resignativ hin. Er stumpfte für neun Stunden täglich regelrecht ab, wartete nur darauf, der Firma Fein Adieu sagen und endlich die Graphikerlehre beim Dumont-Verlag beginnen zu können. Aber dazu kam es nicht. Ende des ersten Jahres wurde er schließlich doch in die Geheimnisse der Repro-Photographie eingewiesen. Er war so fasziniert von der Mischung aus Chemie, Physik, Zufall und künstlerischem Gespür, dass er sein Vorhaben, das Metier zu wechseln, schlicht fallen ließ. Er lernte sehr langsam, aber dafür intensiv. Und was er einmal erlernte, vergaß er nie. Wenn er trotz seiner »Begriffsstutzigkeit« endlich etwas kapierte, bekam keine Macht der Welt das Erlernte mehr aus seinem Kopf. Er erfand darüber hinaus immer wieder Wege, Übernommenes zu verbessern und neue Techniken zu entdecken und zu entwickeln. Mit anderen Worten: Er entdeckte den Forscher und Entdecker in sich, und ganz allmählich schälte er sich aus der Lethargie heraus, die ihn fast ein Jahr gelähmt hatte.

Die ersten Experimente

Früh entdeckte er die »Schätze« in den Mülleimern der Gesellen: Verunglückte Aufnahmen, die ohne Fixierung während des Entwicklungsprozesses den Weg in den Abfall gefunden hatten … Was gab es da Erstaunliches zu entdecken! Abstraktionen bizarrster Art, entstanden durch Chemikalien, die das belichtete Silbernitrat zersetzten und den meist großformatigen Film eigengesetzlich weiterentwickelten, um so wahre Phantasmagorien zu schaffen. Der Zufall und das Material malten die schönsten Bilder! RO Willaschek nutzte seit dieser Entdeckung die Chemie, das Licht und das lithographische Aufnahmematerial (Film) für seine Zwecke und kultivierte damit eine neue künstlerische Disziplin: die gemalte Photographie. Später, als er mehr Selbstbewusstsein entwickelte, nannte er dieses Verfahren stolz *ROographie.* Er erlernte zusätzlich zur drucktechnischen Reprophotographie auch das Verarbeiten gewöhnlicher Negative, die mit normalen Photoapparaten belichtet worden waren und entwickelte sich rasch zu einem wahren Meister in der Dunkelkammer. Bald wurden ihm sämtliche diesbezüglichen Aufgaben übertragen – und die Gesellen schauten dumm aus der Wäsche.

Er kaufte sich, um eigene Aufnahmen machen zu können, eine Spiegelreflexkamera, eine schlichte, billige und dennoch geniale Exa Ia aus DDR-Produktion. Merkwürdigerweise interessierte ihn aber das »Abknipsen der Realität« nicht besonders. Ihn faszinierte vielmehr die Verarbeitung der Negative und das Subjektivieren von photographisch festgehaltenen Sujets auf Photopapier mit Hilfe von Chemie und Vergrößerungsgerät bei rotem Licht. Das allmähliche Bildwerden während des Entwicklungsprozesses war für RO ein immerwährendes Mysterium, das er bis zum Ende der analogen Photographie unaussprechlich genoss. Die Möglichkeiten der Manipulation erweiterte er für sich ins Unendliche. Einige seiner Entdeckungen, wie die Photo-Radierung, wurden später photo- und reproduktionstechnisches, ja, sogar künstlerisches Allgemeingut.

Die Entdeckung des neuen Mediums ging auf Kosten der Zeichnung, die er vorübergehend vernachlässigte. So gibt es aus dieser Zeit nur Weniges, was an Gezeichnetem zu präsentieren wäre. Auch vernachlässigte er die Literatur. Das Nacherleben durch Bücher verlor eine zeitlang seinen Reiz. Er wollte selbst real erleben, was man *am eigenen* und *an eigenem* Körper erspüren konnte, aber auch unbedingt ausprobieren sollte. Dazu gehörte neben Neugier und Beobachtungsgabe Mut zur adäquaten Umsetzung. Neugier und Wahrnehmung waren stets da, Mut und Ausdauer aber, aus welchen Gründen auch immer, selten. Ein Dilemma – zum Glück oder auch Unglück für ihn.

In der Reprophotographie-Abteilung der Firma Ludwig Fein gab es eine kleine Frau mit kurz geschnittenem Haar, die im ersten Lehrjahr des Lehrlings kaum eine Rolle spielte. Helga Knott, die er witzigerweise Jahre später in seiner eigenen Firma einstellen sollte, war diejenige, die für die Königsdisziplin in der Reproduktionsphotographie zuständig war: die Farbreproduktion. Sie war eine absolute Koryphäe auf diesem Gebiet und nahm sich des Knaben an, eine Freundschaft entwickelte sich. Durch die zwölf Jahre ältere Helga Knott bekam er profunden Zugang nicht nur zu den letzten Geheimnissen der Chemigraphie, sondern auch zur Welt des Jazz, den sie mit nahezu missionarischem Eifer zu vermitteln trachtete. Durch sie erhielt er auch Einblick in den exotischen Kosmos der Homosexualität. Die lesbische kleine Dame mit der ständig qualmenden Zigarette im Mund schleppte ihn in einschlägige Kneipen mit, wo er unter den vielen aufregenden Frauen wie ein Maskottchen aufgenommen wurde. Sie zogen dann schon mal im Pulk, oft besoffen und schmutzige Lieder absingend, durchs nächtliche Köln, und der Junge fühlte sich sauwohl unter ihnen. So lernte er auch die Schwulenszene Kölns kennen und gewann viele Freunde, die ihn allesamt als ihresgleichen behandelten, obwohl er ausgesprochen heterosexuell veranlagt war und sich als solcher auch jedes Mal offenbarte. Was Toleranz und wirkliche Akzeptanz bedeuten, das lernte RO Willaschek in in dieser Zeit fürs Leben.

Der Jazz

Mit dem Jazz betrat Willaschek faszinierendes Neuland. Helga Knott, seine Ausbilderin ab dem zweiten Lehrjahr, lieh ihm ständig Platten aus, die er zu Hause hörte. Die neuen Helden ROs wurden für eine gewisse Zeitspanne die New Orleans-Könige Jelly Roll Morton, Sidney Bechet und natürlich Louis Armstrong, dessen Trompete ihn faszinierte. Völlig natürlich, dass RO Willaschek beschloss, nun Jazztrompeter zu werden …

Die adventistische Gemeinde in Köln unterhielt einen Posaunenchor zum Zwecke der Straßenmission. Das war für Willaschek die Gelegenheit, »für lau« an eine »Tröte« und an Unterricht zu kommen. Nun gab es aber einen gewaltigen Unterschied zwischen *Mahogany Hall Stomp* und *Näher mein Gott zu dir.* RO schluckte tapfer die gewaltige Kröte und lernte in Windeseile das Trompetenspiel. Den öffentlichen Auftritten mit dem Posaunenchor, die er peinlich fand, ging er gekonnt aus dem Wege. Immer, wenn so eine Blech-Mission irgendwo in Kölns Innenstadt stattfand, wurde der Bursche plötzlich todkrank. An die fünf bis sieben Monate quälte er sich durch die »akustische Umweltverschmutzung«, wie er diese Musik nannte, bis er völlig entnervt die weiße Fahne schwang. Das Basiswissen hatte er aber intus und er traf jeden Ton. Den von ihm unterschätzten Rest in der Kunst des »Blechs« sollte das Eigenstudium bewerkstelligen. Er besorgte sich über Otti, seine inzwischen auch adventistische Mutter, die von seinem Einsatz im Bläserchor angetan war, ein altes, aber erstklassiges französisches Kornett (Kurztrompete) in Silber. Im Organisieren war Ottilie ja Weltmeister. So hörten die Klettenberger über Jahre hindurch zu den unmöglichsten Zeiten einsame Trompetenklänge von irgendwo her. Den »Miles Davis vom Schloss Pipi« wundert es heute noch, dass sich in jener Zeit nie jemand beschwerte. Selbst seine Eltern in unmittelbarer Nachbarschaft enthielten sich jedes Kommentars.

Roland Willascheks Geschmack im Jazz veränderte sich mit dem Entdecken neuerer Richtungen. Der New Orleans-Jazz langweilte ihn nach relativ kurzer Zeit, und mit Swing oder Bebop konnte er nie wirklich etwas anfangen. Mainstream war sowieso nie sein Ding. Selbst bei populären Komponisten und Interpreten entdeckte er Stücke, die von den Fans selten oder nie gehört, geschweige denn geschätzt wurden – ihn aber begeisterten.

Aber was gab es da auch Unglaubliches zu entdecken! Zum Beispiel *Kind of Blue* von Miles Davis, das ihn tief berührte, *Sketches of Spain* und seine Variationen der Filmmusik zu *Ascenseur pour l'échafaud* gaben ihm den Rest. Das weniger artifizielle, aber umso genialere Spiel von Miles Davis berührte Roland so, dass es richtungsweisend für seine eigenen Improvisationen auf dem Kornett, der Gitarre und auch auf dem Klavier wurde. Er machte damals für sich die entscheidende Entdeckung, dass es einen Unterschied gab zwischen Virtuosität und Genialität.

Zu seinem neuen Liebling im Jazz gesellten sich nach und nach weitere hinzu: Jimmy Giuffre, den er bis heute verehrt, Manfred Schoof, Charles Mingus, Albert Mangelsdorff, Jim Hall, Gunter Hampel, Peter Brötzmann, Alexander von Schlippenbach, Eberhard Weber und noch einige mehr. Gunter Hampel lernte RO nach einem Freejazz-Konzert kennen und beide verstanden sich sofort. Hampel lud RO zu einer gemeinsamen Aktion in München ein. Willaschek aber kniff, feige, wie er in letzter Konsequenz oft war.

Dem *Cool Jazz* und dem sich anschließenden *Free Jazz* blieb er mit seiner Liebe bis auf den heutigen Tag treu. So besaß der junge Willaschek für jede seiner ständig wechselnden Gefühlslagen die passende Musik: Cool-Jazz für die oft einsamen »reduzierten« Momente, die ihn oft überfielen; Free Jazz begleitete ihn in den zerrissenen, aber lustvollen Augenblicken knapp vor dem Wahnsinn; die Klassische Moderne intensivierte seine mystischen Anwandlungen und Sehnsüchte nach spiritueller Versenkung und der Rock'n'Roll stand für die profane Emotion, wo Schwanz, Wut und Kampf gegen was auch immer agieren durften. Rock'n'Roll war für RO die Erde, das Blut, das Nackte, Wilde und die ungezügelte Entäußerung fern jeglicher Intellektualität. So glaubte er damals und war damit nicht allein.

Brittas Berlin

Roland sehnte sich in dieser Zeit immer wieder wie verrückt nach dem quirligen Girl aus Berlin-Wilmersdorf und schrieb sich mit ihr. Er verfasste unzählige Gedichte, die es aber nur selten bis in den Briefkasten der Angebeteten schafften, viel öfter in den Papierkorb. Schließlich raffte er sich im Winter 1962/63 auf, schmiss sich entschlossen in einen englischen Zweipropeller und flog von Köln-Wahn nach Berlin-Tempelhof. Das war in den damaligen Zeiten noch ein wirkliches Erlebnis. Er genoss den Flug und *Bourbon sauer* an Bord und kam sich in seiner fiebrigen Erwartung vor wie »Graf Koks«.

Britta holte ihn am Flughafen ab. Der plötzlich wieder schüchtern gewordene Junge bekam an den fünf Tagen in seiner Heimatstadt kaum den Mund auf. Der ansonsten so quirligen und mitteilungsbedürftigen Göre ging es nicht anders. So schwiegen sie sich glückselig an, wanderten nachts durch den verschneiten Grunewald, verirrten sich auch prompt und hielten sich stundenlang in der Kälte fest umschlungen. Roland übernachtete bei »Mutter Zagel«. Er erinnert sich gern an die liebenswürdige alte Dame, die ungewohnt tolerant war und in dem Jungen bereits den zukünftigen Schwiegersohn erblickte. Sie war vom russischen Vater Brittas geschieden, lebte mit ihrer Tochter in einem der berühmten Hinterhöfe in Wilmersdorf, stammte selbst aber aus Bayern.

Göre Britta erwies sich zum Leidwesen Rolands als gestrenges Adventistenmädchen. Der verliebte Bursche, der jede Form von Bevormundung ablehnte, jeder Ideologie das Recht, einzig richtige Lehre zu sein, absprach, verdrängte sein Unbehagen angesichts der Überzeugungen, mit denen seine Liebste ihn konfrontierte, und sparte das Thema in den wenigen Gesprächen mit ihr bewusst aus.

Der ruhelose Lockenkopf zeigte – permanent mit U- und S-Bahn fahrend – RO das verschneite West-Berlin. Er war verzaubert von der für ihn völlig unwirklichen Stadt mit ihrer bizarren und fast surrealen Mauer, die gerade erst errichtet worden war. Er war fasziniert von den Vierteln, die sich so unglaublich voneinander unterschieden, den alten, oft verrotteten Villen mit ihren Geschichten, und den verschiedenen Gänsehaut-Ecken, bei denen man das Gefühl hatte, jeden Augenblick einer Truppe marschierender SS zu begegnen.

Dieses verschneite und halbierte Berlin, das als »freie Insel« von sowjetischen Panzern umringt war, fesselte ihn mit seiner bizarren, aber puren Metaphysik. Roland saugte Berlins leicht morbide Ausstrahlung mit allen Sinnen gierig auf – wie später, in den 1970er Jahren, die Musiker David Bowie, Iggy Pop, Nick Cave und Lou Reed, die für kurze Zeit in dieser Stadt lebten und sich ähnlich äußern sollten. Reed komponierte unter dem Eindruck der Stadt sein düsteres Werk *Berlin*, für RO ein ästhetisch hundertprozentiges Äquivalent der damaligen »Frontstadt«.

Die Rolling Stones

Ganz allmählich rückte eine Fortsetzung des Rock'n'Roll in das Bewusstsein der jungen Menschen in Westdeutschland, nachdem die verspießerte Öffentlichkeit den Tod des Rock'n'Roll gefeiert und der Jugend den langweilig-braven Twist, Limbo und ähnlichen Schwachsinn zum Fraß vorgesetzt hatte. Die schwiegermüttertauglichen Beatles betraten die Weltbühne und alle Frühpubertierenden schrien sich die Stimmbänder aus dem Hals vor Begeisterung. RO ignorierte vorerst diese ihm zu seichte Musik, die jenseits des Kanals entstand und dann auf die Bundesrepublik überschwappte.

Doch zeitgleich gab es da eine Truppe schmuddeliger Langhaariger, die den schwarzamerikanischen *Rhythm and Blues* auslutschten und daraus den Sound der schmutzigen Straße kreierte: die *Rolling Stones!* Die schlugen bei RO ein wie der Blitz. Endlich gab es eine Stimme der Underdogs, der Unterprivilegierten, die versuchten, radikal andere Wege zu gehen und sich damit durchzusetzen. Das jedenfalls glaubte er – wie so viele der damals naiven Romantiker, die die Welt umkrempeln wollten.

RO Willascheks Haare durften endlich »unkastriert« ins Unendliche sprießen. Der einzige Anzug, den er besaß, sowie diverse Schlipse fanden demonstrativ den Weg in den Müll. Es war eine massenkonforme Reaktion gegen den Mief der Alten, und manch einer deklarierte sie gar als Revolution. Auch der nun langhaarige, lederbestückte RO glaubte, eine authentische Lebensform gefunden zu haben und gegen Konformität zu rebellieren. Was dabei heraus kam, war eine neue Massenbewegung mit ihrer eigenen Konformität. Dem Mief der Geschichte wurde jedenfalls zumindest äußerlich der Kampf angesagt. Trotzdem rannte Willaschek jeden Sabbat, trotz permanenter Zweifel, in die

Kirche zum kollektiven Gebet und spielte somit unbewusst eine Nebenrolle als fast funktionierendes Mitglied der ansonsten abgelehnten Gesellschaft.

Seine arme Mutter sah in den langen Haaren ihres Sohnes, der damit ja auch in »ihren« Gottesdienst ging, das Wirken Satans. Sie schämte sich entsetzlich vor den anderen Gemeindegliedern und vor den Nachbarn in »ihrem« Klettenberg und litt wohl sehr unter ihrem vermeintlichen Versagen in der Erziehung des »jungen Wilden«. Sie reagierte auf die äußerliche Verwahrlosung des Sohnes mit einer enormen Bandbreite an Emotionen. In Verständnis heuchelnder Liebenswürdigkeit bat sie ihn oft zur Umkehr, dann wieder lief sie demonstrativ mit versteinertem Gesicht herum, und wenn all das nichts half, schrie sie ihn mit wutverzerrtem Gesicht an. Besonders albern, aber auch lustig fand RO die Sache mit der Zigeunerpuppe. Er sammelte schon früh Kuriositäten und Antiquitäten, die »ihm über den Weg liefen« und stopfte sich die Wohnung damit voll. Darunter befand sich eine uralte, wunderbar gearbeitete Puppe, die offensichtlich ein Zigeunermädchen darstellte. Diese Puppe besaß volles blauschwarzes Haar, das bis über die Füßchen hinabreichte. Eines Abends kam er von der Arbeit und fand seine Puppe mit rappelkurzem Haar wieder. Er wusste nicht, ob er nun über seine Mutter lachen oder sie ihm leidtun sollte. Ihr den Zweitschlüssel zu seiner Wohnung abzunehmen getraute er sich dennoch nicht.

Endlich mobil

Im Januar 1964 nahm der noch Siebzehnjährige Fahrschulunterricht für die Klassen 1 und 3 – für Motorrad und PKW. Ende März hatte er die Prüfungen bereits hinter sich, sollte den Führerschein aber erst mit achtzehn Jahren, also im Mai erhalten. Im April war die Gehilfenprüfung, die er wegen ungewöhnlicher Faulheit in der Vorbereitung nur mit einem mageren *befriedigend* bestand. Das ärgerte ihn zwar im Nachhinein, er konnte aber noch froh sein, da mehr als ein Viertel der Prüflinge – wie damals im Graphischen Gewerbe normal war – durchfielen.

Nach der Gehilfenprüfung überraschte Peter Joseit, ein älterer Freund aus der Adventistenjugend, ihn mit dem Vorschlag, mit ihm zusammen auf dessen Motorroller die Türkei und anschließend Griechenland unsicher zu machen.

Mit einer HEINKEL TOURIST, einem wahren Panzer in der Klasse, fuhren die zwei Verrückten dann auch tatsächlich zwei Monate später los. Jeder hatte nur ein Barvermögen von je 300 DM mit. Das musste reichen für die vier Wochen. Die Reise wäre ein eigenes Buch wert, daher soll an dieser Stelle nur so viel erwähnt werden, dass RO mit den unterwegs getroffenen Serben, Kroaten, Bulgaren, Mazedoniern, Türken und Griechen ohne Sprachkenntnisse bestens klar kam. Er genoss das Fremdartige und die Gastfreundschaft überall. Auf der Hinfahrt verknallten sich die Jungs in zwei rassige Serbinnen und blieben deshalb bei ihnen in Novi Sad, unmittelbar an der Grenze zu Rumänien, über eine Woche hängen. Sie lebten wie selbstverständlich bei Familie Topić, der ungewöhnlich gastfreundlichen Familie des einen Mädchens, und wurden von ihr über alle Maßen verwöhnt. RO konnte nicht wissen, dass er kaum einhundertundzwanzig Kilometer Luftlinie von seinem Vater entfernt war, der sich jenseits der nahen Grenze auf der rumänischen Seite in Timişoara befand.

Die Jungs waren zum ersten Mal in einem Vielvölkerstaat kommunistischer Prägung und konnten dem System, wie es sich da in dem bunten Treiben wohlgenährter und sympathischer Menschen zeigte, nichts Negatives abgewinnen. Im Gegenteil. Der Kommunismus schien für Joseit und Willaschek auf den ersten Blick eine Alternative zum gewohnten Kapitalismus zu Hause zu sein. Sie konnten nicht ahnen, dass dieses künstliche Gebilde durch Diktator Marschall Tito autoritär zusammengehalten wurde und nach dessen Tod 1980 in einem unnützen und blutigen Bürgerkrieg zerfallen würde.

Als sie schließlich mit der Heinkel durch Bulgarien fuhren, bekamen sie doch einen realeren Eindruck vom Kommunismus, diesmal den einer stalinistischen Prägung. Die Hauptstadt Sofia präsentierte sich grau in grau, wie auf einer Schwarzweiß-Photographie. Die Menschen, denen sie begegneten, waren verschüchtert und scheuten jede Form einer Begegnung. Es herrschte eine kollektive Angst, die man fast physisch spürte. Gegen 23 Uhr erloschen die wenigen grünblauen Straßenlaternen der Stadt, und einzig der rote Stern auf dem Dach des Dimitroff-Mausoleums war zu sehen, der drohend über den Dächern der scheintoten Stadt leuchtete. Es war gespenstisch. Die zwei waren froh, als sie endlich, gegen Abend des darauffolgenden Tages türkischen Boden unter den Reifen hatten.

Auf der Rückfahrt hielten sich die Jungs wiederum für zwei Tage in Novi Sad bei den Topićs auf. Peter Joseits Verknalltheit in Vera entwickelte sich zu einer ernsthaften Liebe. Er sollte die schöne Serbin zwei Jahre später heiraten und mit ihr und den gemeinsamen Kindern später in Australien leben.

Für Roland hingegen war die Begegnung mit Nadja Topić nur eine von vielen, hatte er doch einen Berliner

Lockenkopf ständig im Sinn. Er sollte Nadja drei Jahre später durch einen unglaublichen Zufall noch einmal begegnen. In Berlin, wo RO 1967 für ein knappes Jahr lebte und überwiegend beschäftigungslos die Zeit nutzte, um Eindrücke zu sammeln, fuhr er stundenlang mit der »Geisterbahn« (der S-Bahn) durch die Stadt und schaute in die vorbeiziehenden grauen Hinterhöfe, sah die »verwunschenen« Gleisanlagen, die von der Natur zurückerobert wurden und vor sich hin rosteten und fuhr durch gespenstisch tote Ost-Bahnhöfe, an denen man nicht aussteigen konnte. Die S-Bahn umfuhr mehrheitlich die Außenbezirke der Stadt und gehörte der DDR. Die Bahn wurde von den Westberlinern als »Feindesland« konstant ignoriert und ums Verrecken nicht in Anspruch genommen. So konnte RO – als »Verräter« und »Kommunisten-Sympathisant« – stundenlang in einem völlig leeren Geisterzug »für billig Geld« durch die Gegend fahren.

Einmal bestieg er im Bahnhof Zoo die S-Bahn, ohne zu ahnen, dass er nur wenige Minuten später als Protagonist in einem fast surrealen Stück eine Rolle spielen sollte. Er entdeckte in dem leeren Waggon die rassige Nadja Topić aus Novi Sad einsam und allein sitzend. Die Überraschung war mehr als groß – und beide waren zu Beginn auch erschreckt. Es war zu bizarr! Man beruhigte sich schnell und hatte sich viel zu erzählen. Dementsprechend lange war die Fahrt. Nadja, die ein hervorragendes Deutsch sprach, befand sich auf einer Studienreise in die DDR und durfte als jugoslawische Parteiangehörige auch West-Berlin aufsuchen. Das jugoslawische System war anders gepolt als das der sogenannten Bruderstaaten, und im Gegensatz zu jenen genossen die Untertanen Titos relative Reisefreiheit. Man verabredete sich für den nächsten Tag. Willaschek wurde die Sache zu klamm … und hielt sich nicht an den Termin! Er schämte sich zwar, aber unter Umständen rettete er so seine Seele.

Nadja Topić sollte 2008 – einundvierzig Jahre später – den alten RO, der inzwischen geschieden war, aus Frankfurt anrufen und ihm erzählen, dass sie nun verwitwet sei, sehr vermögend und einsam. Sie würde sich furchtbar gern mit ihm treffen wollen. Die Telefonnummer hatte sie durch die Vernetzung der Adventisten bekommen. RO war entsetzt und blockte schnell ab. Er wollte unbedingt allein bleiben und endlich seine Ruhe haben. Sie rief noch zweimal an, bevor sie aufgab.

Die Kunst der Werbung

Zu Beginn des Jahres 1965 bekam RO ein vielversprechendes Angebot von einer großen Werbeagentur – der WK Werbekunst Köln. Diese Agentur hatte einen sehr guten Namen und beschäftigte sich ausschließlich mit der printmediellen Vermarktung von Modeartikeln bekannter Häuser, wie zum Beispiel Christian Dior. Willaschek sollte die photographische Abteilung innerhalb der Graphik übernehmen und die Entwicklung kostengünstiger Weiterverarbeitung erstellter Layouts forcieren. Er wurde von einem dort arbeitenden Retuscheur empfohlen, mit dem er in der Firma Fein zuvor zusammen gearbeitet hatte und der um die Experimentierfreudigkeit und die fachlichen Qualitäten des jüngeren Kollegen wusste.

Er befand sich in einer Zwickmühle. Einerseits arbeitete er gern in der Firma Fein und hatte mittlerweile ein sehr gutes Verhältnis zum Chef, der dem jungen Mann alle Freiheiten ließ; anderseits lockten ihn neue Aufgaben und die für damalige Zeiten enorm hohe Entlohnung, die man ihm in Aussicht stellte. Schließlich ließ Ludwig Fein ihn schweren Herzens ziehen und meinte, man sollte jede Gelegenheit nützen, Neues zu wagen, – er könne jederzeit zurückkommen. Was RO Willaschek auch viel später tat.

RO sollte zwei spannende und äußerst erfolgreiche Jahre in der WK verbringen. Die Kolleginnen und Kollegen waren allesamt liebenswerte und kultivierte Menschen, mit denen er sehr gut auskam und von denen sich so Einiges lernen ließ. Der Chef und Besitzer der Agentur, Herr Heinsch, war ein alter, aber sehr smarter kinderloser Junggeselle und ähnelte frappierend dem alternden Jean Marais. Heinsch stammte ursprünglich aus Berlin, »berlinerte« auf sehr kultivierte Art und war dem weiblichen Geschlecht in seiner Agentur mehr als nur zugetan. Der alte Playboy flirtete »wie ein Weltmeister« und die Damen genossen es augenscheinlich. Emanzipation war zu jener Zeit noch ein Fremdwort.

Chef und Neuankömmling mochten sich vom ersten Augenblick. Heinsch betrachtete schon nach kurzer Zeit den »langhaarigen Wilden« aus der Abteilung Photographie als eine Art Ziehsohn und förderte ihn, wo es nur ging, schickte ihn auf Seminare zur Weiterbildung in Sachen Werbegraphik, lud ihn oft zu sich nach Hause ein und bezahlte ihn fürstlich. RO Willaschek sollte, so Heinsch, irgendwann »den Laden« und die Dépendance in Frankfurt übernehmen. Es schien für RO alles bestens zu laufen.

Er fuhr mittlerweile einen großen Wagen, eine BORGWARD ISABELLA-Limousine in beige. Er fühlte sich in dem bildschönen »Schlachtschiff« wie ein Fürst und gab damit an, was das Zeug hielt. Das Auto hatte er durch die Vermittlung von Heinz Rath, dem Vater seines Vetters Otmar, erworben, mit dem er oft in seiner Freizeit »abhing«. Der Borgward stammte ursprünglich von einem Juwelendieb, der im »Klingelpütz«, Kölns berühmtem Gefängnis, eine längere Haftstrafe absitzen musste, und den Wagen vorher noch schnell verscherbeln wollte. Das machte den billig erworbenen Wagen nur noch interessanter.

RO sollte nicht lange Freude an diesem Auto haben. Zwei Wochen, nachdem er mit seinen Eltern für zwei Wochen die hinterste Tschechoslowakei aufgesucht hatte, damit der Stiefvater seine Schwester in Troppau bei Ostrava einmal wiedersehen konnte, fuhr er ein Rennen in Köln. Der Gegner fuhr einen Porsche. Rennstrecke war die Zülpicher Straße in der Nähe der Uni. Walter Quiering, ein Kumpel aus der Adventisten-Jugend und er, schwänzten den sabbatlichen Gottesdienst, um die Geschwindigkeit der Limousine in der Stadt zu testen. Das war wesentlich spannender als das »ewige Gelaber« in der Gemeinde der »frommen Geschwister im Herrn«. Während RO hinter dem schnelleren Porsche hing, der ihn halsbrecherisch überholt hatte, kam aus dem Mund Quierings ein spitzer Schrei: »Oh Mann, was für Titten!« Er zeigte auf eine Frau, die auf der linken Seite an einer Haltestelle stand. In der Tat war deren »Auslage« enorm. RO nahm das »physiologische Wunder« nur kurz wahr, aber das genügte. Ein ohrenbetäubendes Scheppern … und der automobile Traum zweier Rennfahrer war dahin. Der Porsche musste plötzlich hart bremsen und Willaschek erwischte ihn voll am Heck. Das sollte nur der erste von vielen Unfällen sein, in die er verwickelt war … Es war eine Zeit der Verrückten auf noch relativ leeren Straßen – und er als Oberverrückter mitten drin! Willaschek verkaufte den Schrott und leistete sich von dem Geld einen steinalten VW-Käfer.

Willaschek hätte zufrieden sein können. Er besaß in relativ jungen Jahren Auto und Telefon, was damals noch nicht selbstverständlich war, hatte eine billige Wohnung, einen tollen Job und Geld genug. Doch fehlte ihm zum Glück ein weibliches Pendant. Die wildlockige Göre aus Berlin verhinderte trotz der enormen Entfernung jede ernsthafte Bemühung um das andere Geschlecht. Britta Zagel und Roland trafen sich zwar mehrere Male in Berlin oder auch Köln, telefonierten miteinander und schickten sich Briefe, aber es war für beide verständlicherweise zu wenig. So »pilgerte« er flirtend von einem Rockzipfel zum anderen, ohne dass es je zu einer ernsthaften Konsequenz führte. Er blieb so noch lange »Jungfrau«, obwohl fast alle Gleichaltrigen ihre »Feuertaufen« längst hinter sich hatten. Er weiß auch heute noch nicht, ob die damalige Zurückhaltung durch Britta im fernen Berlin, »Schiss«, Trägheit oder einen falsch verstandenen Moralkodex mütterlicher Prägung bedingt war.

Gaston Bart-Williams und der Surrealismus

Wegweisend für sein weiteres Leben war die Begegnung mit Gaston Bart-Williams. Willaschek weiß nicht mehr genau, wann er den aus Sierra Leone stammenden Dichter kennengelernt hat, 1964 oder 1965, jedenfalls wohnte Bart-Williams, der tragischerweise nur noch als Vater von *Patrice*, einem bekannten Songwriter und Musiker, in öffentlicher Erinnerung ist, quasi um die Ecke in der Hirschbergstraße. Er war ein kleiner, aber schöner Mann mit riesigen Augen, die zumeist melancholisch und spöttisch zugleich dreinblickten, ungefähr zehn Jahre älter als RO und mit schwarzer Hautfarbe, was in Klettenberg einer Sensation gleichkam. Gaston Bart-Williams war exilierter Oppositioneller, jüngerer Freund des 1961 durch den CIA ermordeten Patrice Lumumba, und stand in kritischem Kontakt mit dem damals berühmten senegalesischen Dichter und Diplomaten Léopold Sédar Senghor. Bart-Williams arbeitete in Deutschland als Schriftsteller, Journalist und Regisseur; später war er als Kulturattaché seines Heimatlandes und als Dokumentationsfilmer tätig. Der enorm belesene Intellektuelle besaß einen sicheren Instinkt in allem, was mit zeitgenössischer Kunst und Kultur zu tun hatte. Von ihm konnte der junge Willaschek das nötige Rüstzeug für das Verfassen von Lyrik lernen und Einblick erhalten in die internationale Avantgarde kulturellen Denkens und Treibens. Durch Bart-Williams kam er auch wieder ans Lesen und entdeckte, unter anderen guten Dichtern, Paul Celan, der ihn von allen Lyrikern am nachhaltigsten beeindruckte. Ferner las er Gedichte von Karl Krolow, Jaques Prévert und Ingeborg Bachmann, theoretische Schriften wie zum Beispiel Maurice Nadeaus Standardwerk über den Surrealismus, das ihn zur Literatur der Surrealisten führte, den als »Stalinisten« geltenden Jean-Paul Sartre, den er nicht mochte, Albert Camus, Aldous Huxley und George Orwell. Er las schließlich die Manifeste und Essays André Bretons und dessen einzigen Roman *Nadja*, jenes schmale Werk, das die Kritik damals als »Nadelöhr zur Moderne« bezeichnete und seinen Anspruch an Literatur grundlegend verändern sollte. *Nadja* wurde für lange Zeit die Messlatte. RO entdeckte in den Schriften Bretons und der Surrealisten, dass Emotion, Leidenschaft und Intellekt sich nicht gegenseitig ausschließen, keine »feindlichen Brüder« sein müssen und es auch nicht sind, wie ihm bis dahin vermittelt worden war, sodass sie in ihm unnötige Scheinkämpfe ausfochten. Er registrierte, dass gerade bei deutschen Intellektuellen, Künstlern und Literaten ein gewollt schiefes Verhältnis von Gefühl und Geist vorherrschte, – zumindest gaben sie sich betont so. Das intellektuelle Kalkül wurde gegen das Gefühl ausgespielt, das *sogenannte* Bewusstsein betont und das Unbewusste negiert. Die Negierung von Emotionen war vielleicht auch bedingt durch die schwere Last der Zeit von 1933 bis 1945 und daher ein besonders deutsches Problem. Wie auch immer: Die neue Erkenntnis tat gut und dürfte auch der Beginn des zähen und langwierigen Aussöhnungsprozesses mit sich selbst gewesen sein.

Gaston Bart-Williams war wohltuend anders. Er schloss keine noch so abstruse Seite von Wahrnehmungen aus. Der Mensch war für ihn ein als Gesamtheit zu akzeptierendes Phänomen, das in der Tiefe permanent zu erforschen war. Was das Handwerk des Schreibens betraf, war er ungeheuer streng, ja, radikal. Er nahm keine Rücksicht auf ROs eitle Befindlichkeit in den Gedichten, die er damals schrieb und strich brutal zusammen, was »nicht stimmte«, einfach nur schlecht oder auch unglaubwürdig in seinen Augen war. So kam es vor, dass von einem seitenlangen Sermon nur ein Satz oder gar nur ein Wort übrig blieb. Es war eine harte Schule für RO, der ansonsten gegen Kritik immun schien oder schnell jähzornig reagierte. Was Bart-Williams gelang, sollte nur noch ganz wenigen gelingen, nämlich, ihn intellektuell im Sinn des Selbstgewollten zu disziplinieren, um ein Höchstmaß kritischer Maßstäbe an das eigene Schaffen anzulegen und dies auch dann nicht aus den Augen zu verlieren, wenn sich so etwas wie Erfolg einstellen sollte.

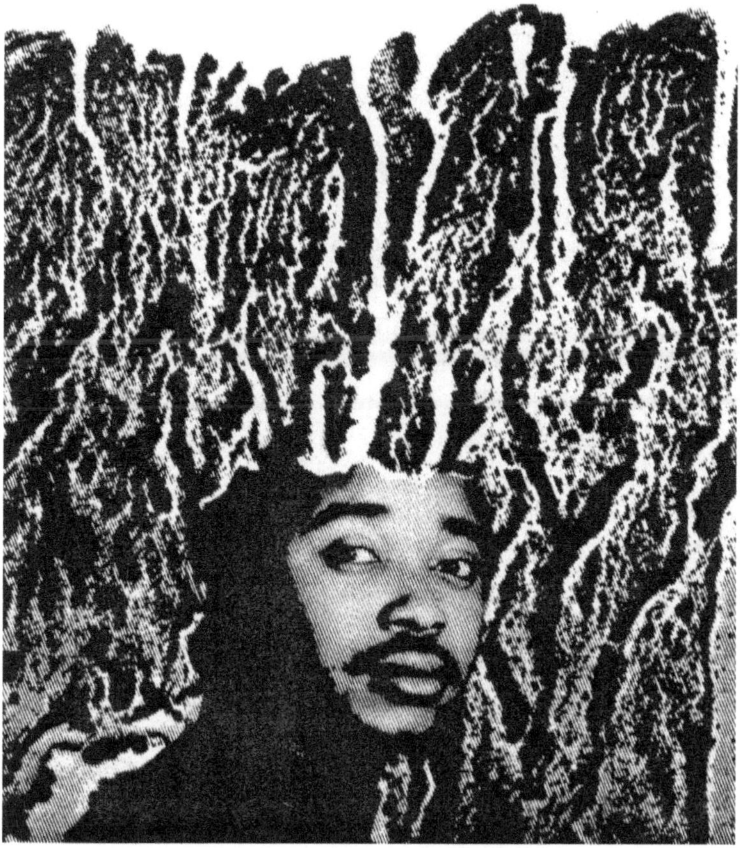

Gaston Bart-Williams (Graphik: RO Willaschek 1966)

Gaston Bart-Williams, der eine enorme Bibliothek besaß, versorgte den jungen Willaschek mit oppositionspolitischer, existentialistischer und surrealistischer Literatur. DaDa, die surrealistische Literatur und das *absurde Theater* kamen RO am meisten entgegen; so setzte er sich damit am intensivsten auseinander.

Bart-Williams führte ein offenes Haus. Der junge Anfänger durfte (musste) auf den unzähligen Partys mit Saloncharakter dabei sein. So lernte er einige Größen in Literatur und Kunst kennen, die damals angesagt waren: Den großartigen, unterhaltsamen Fluxuskünstler Wolf Vostell, den zauberhaften »Malerfürsten« Michael Buthe, Hans-Magnus Enzensberger, Günter Grass und Hans Bender, um nur einige zu nennen.

RO befand sich in einer für ihn nicht leichten Position. Einerseits schien er begabt zu sein für eine Welt, nach der er sich sehnte, anderseits stand ihm seine proletarische und unkultivierte Vergangenheit im Weg. Er befand sich unter studierten Menschen mit ihrer elaborierten Sprache und verstand dementsprechend zu wenig. Das Wenige aber, das er verstand, stellte er sofort in einen individuell kritischen Kontext – und vergaß nichts. Simpel ausgedrückt: Er fühlte sich zu dieser Welt hingezogen, spürte aber zugleich, dass er nicht recht dazugehörte.

Er wusste im Grunde nie, wo er hingehörte. Und er wird es auch in Zukunft nie wissen. RO Willascheks Erziehung war nicht auf die Entwicklung von intellektuellem Ehrgeiz und dem dazugehörigen standesgemäßen Selbstbewusstsein ausgerichtet gewesen; im Gegenteil hatten seine Eltern, Lehrer und Erzieher versucht, ihn in seiner Kindheit und frühen Jugend als Persönlichkeit zu brechen. Nun spürte er unter diesen spannenden Menschen deutlich und zum ersten Mal, wie gut dieses »ver-brecherische« Brechen an seiner Seele funktioniert hatte. Ein Leben lang würde er damit zu tun haben, seinen Standort in Frage zu stellen, wieder und immer wieder. Minderwertigkeitskomplexe und ein aus dem genannten Antagonismus resultierender Selbsthass waren, einmal in ihn eingepflanzt, seine ständigen Begleiter.

So stand er bei den Zusammenkünften stumm herum, schaute und hörte nur deprimiert zu oder schaltete komplett ab. Der damalige Literaturpapst und Herausgeber der Zeitschrift *Akzente*, Hans Bender, hatte durch Bart-Williams von ROs Gedichten erfahren und bat ihn, ihm einige in die Redaktion zu schicken. RO sandte ihm seine frisch verfassten »Machwerke« und erhielt auch prompt Antwort. Bender bescheinigte ihm eine hohe Begabung, lobte diese sogar überschwänglich. Die Gedichte aber, so schrieb er, seien für eine Veröffentlichung noch etwas zu unreif. Detailliert ging er auf jedes Gedicht ein. Den Brief, den RO Willaschek immer noch besitzt, beendete Bender mit der dringenden Aufforderung zum Weitermachen in der Erwartung, Weiteres von ihm in naher Zukunft lesen zu dürfen. ROs Reaktion war naiv, wenn nicht gar saudumm, aber sie war damals typisch für ihn. Er rastete förmlich aus und verteidigte wortstark über mehrere Seiten seine unsäglichen Versuche. Schließlich bescheinigte er dem Literaturprofessor (man muss sich das vorstellen!) eine absolute Ahnungslosigkeit in puncto surrealistischer Lyrik. So war er eben damals: Entweder fast krankhaft selbstkritisch, scheu und schüchtern, oder schlicht größenwahnsinnig. Ein Mittelding schien es für ihn nicht zu geben. Bender verfolgte die Sache natürlich nicht weiter, konnte sich jedoch an den Typen, der es gewagt hatte, ihm so etwas an den Kopf zu werfen, noch fast vierzig Jahre später gut erinnern, als Willaschek Bender anlässlich einer Lesung im Rathaus Siegburg begrüßte. Er stellte sich ihm als »der wilde Bursche von damals« vor, und der Professor wusste gleich, um was es ging. Beide lachten herzlich und lange über die Geschichte.

Wie erwähnt, stand er nur scheinbar unbeteiligt herum, wenn »die Großen« beisammen standen, hielt den Mund oder lieferte nur ganz selten einen Kommentar. Diese Schüchternheit bei mehr als zwei Anwesenden war und ist immer noch eines seiner Kennzeichen und er wird das wohl nie ganz ablegen können. Bart-Williams' redliches Bemühen, ihn von dieser krankhaft passiven Haltung zu befreien, schlug weitgehend fehl. Kurioserweise fällt diese Schüchternheit von ihm ab, sobald er seine Lyrik liest, eine Performance veranstaltet, Gitarre und Stimmbänder malträtiert oder am Klavier sitzt. Da kann für »die Rampensau« das Publikum nicht groß genug sein.

Auch die Unkenntnis der englischen Sprache schuf oftmals unüberwindliche Hindernisse, denn viele in der damaligen Szene kamen aus dem Ausland und betrieben ihre Kommunikation untereinander ausschließlich in englischer Sprache. Hier nur eine der vielen Geschichten, die das Thema veranschaulichen:

Der damals viel gelesene schwarzamerikanische Schriftsteller und Bürgerrechtler James Baldwin, dessen Buch *Giovannis Zimmer* RO durch Zufall gerade gelesen hatte, sollte in dessen Wohnung für drei Nächte übernachten. Baldwin war auf Lesetour und warb in der Bundesrepublik für »Black power«, die Bart-Williams an verschiedenen Universitäten mit organisierte. Ob man Geld sparen wollte oder sich kein Hotel leisten konnte … jedenfalls sprang Willaschek ein. Die Tage mit James Baldwin waren mangels Sprachkenntnis frustrierend, was beiden sehr leidtat, denn sie mochten sich sofort. Bart-Williams hatte nur wenig Zeit und übersetzte zwischendurch ein paar Brocken, aber es war zu wenig. RO hätte von dem Autor gern so viel mehr über den Kampf der Black Power gegen den Rassismus in den USA erfahren – von dem Kampf, aus dem wenig später die Black Panther-Bewegung entstehen sollte. Er hätte gern Näheres über Malcolm X, Stokely

Carmichael, Martin Luther King und Eldridge Cleaver erfahren, die Köpfe der Bewegung und allesamt intellektuelle »Kampfgenossen« von James Baldwin. Später sollte RO durch Bart-Williams erfahren, dass diese Herren sich untereinander nicht sonderlich grün waren und jeder der eigenen Vorstellung vom Kampf um die überfällige Gleichberechtigung nachging. Auch seine Situation als bekennend homosexueller Mann in den extrem prüden Vereinigten Staaten hätte Willaschek brennend interessiert. Doch eine Kommunikation war nicht möglich und man schwieg sich an ...

Solche Geschichten passierten RO noch öfter. Er hätte ja Englisch lernen können, aber er war dazu entweder zu faul oder zu beschäftigt. Langwierige Sachen waren ihm stets zuwider. Es fehlte ihm in den meisten Dingen der lange Atem. Er sei eben ein Sprinter, kein Langstreckenläufer, sagte er gern zu dem oft gehörten Vorwurf ruheloser Unbeständigkeit. Mit der Bemerkung, das Leben sei zu kurz für langwierige Sachen, zog er sich »elegant« aus der Affäre und hatte sofort wieder etwas anderes im Kopf, dem er sich kurzfristig voller Energie widmen konnte.

Willaschek erinnert sich noch gut an die Zeit, in der er es zu wahrer Meisterschaft im Verzetteln brachte. Die eigenen guten Vorsätze verwarf er meist schnell. Wie auch anders, wenn er ständig neue Möglichkeiten sah, Dinge anzugehen. Dann: Auf welche seiner Begabungen sollte er sich konzentrieren? Er sah keinen Grund, warum er sich auf eine fokussieren und die anderen nicht ausschöpfen und erweitern sollte. Zudem suchte er stets den schnellen Erfolg. Blieb der aus, war die Angelegenheit fürs Erste gegessen. Außerdem langweilte er sich schnell. Langeweile – ein großes Thema ...

Seine Phantasie war wohl sein größtes Kapital – aber auch eine Gefahr, die ihn zu vernichten drohte: Da war oft die Angst, wahnsinnig zu werden unter der Flut der Ideen.

Dann wechselte er aus reinem Selbsterhaltungstrieb unverzüglich in die Welt banalster Umtriebigkeit.

Es war die Flucht in eine angeblich soziale, anspruchslose Funktionalität, die scheinbar keine Untiefen kannte und keine Irritationen. Aber diese Fluchten waren stets nur von kurzer Dauer. So war Willascheks Leben über einen unbestimmbar langen Zeitraum ein Wechselspiel zwischen mindestens zwei konträren Welten mit ihren entsprechend konträren Ansichten und Wahrnehmungsweisen.

Er besuchte in jener Zeit unzählige Ausstellungen. In vielem, was damals als »Avantgarde« auf dem Markt galt, sah er ausschließlich formalästhetische Spielerei bar jeder Phantasie, erkennbaren Geistes oder Intellekts. Er lag in seinen vorschnellen Urteilen naturgemäß oftmals daneben, aber oftmals auch nicht, wie die Kunstgeschichte und auch der Kunstmarkt später bestätigen sollten: Vieles von dem, was gestern hochgejubelt worden war, wurde schneller vergessen als manches Erzeugnis aus Medien mit geringerem Ewigkeitswert.

Zwei Ausstellungen blieben ihm aber nachhaltig im Gedächtnis. Beides waren Präsentationen von Arbeiten imaginärer Sujets, die man in jener Zeit nicht unkritisch kommentierte, die aber den jungen RO zutiefst berührten. Die eine Ausstellung war die Richard-Oelze-Retrospektive in Düsseldorf 1965, die ihn so begeisterte, dass er, naiv wie er war, den Meister unbedingt in seiner Wirkungsstätte, Gut Posteholz bei Hameln, aufsuchen wollte. Oelze war als knorriger Einsiedler verschrien, der ungebetene Eindringlinge in seiner Welt verabscheute und gern die Hunde auf sie losließ. Das passierte auch dem jungen Mann aus Köln, als er den fünfundsechzig Jahre alten Gottvater im Jahr seiner Düsseldorfer Ausstellung aufsuchte. Die Hunde waren real und riesig, Richard Oelze hingegen unsichtbar wie ein Geist. RO war enttäuscht, bewunderte den alten Kauz aber gleichzeitig für seine kompromisslose Haltung.

Die andere Ausstellung zeigte im Institut Francais am Sachsenring das damals teuerste Buch der Welt: *L'Apocalypse de Saint Jean*, ein allgemein als wahnsinnig apostrophiertes Projekt des Pariser Verlegers Joseph Foret. Dieses 210 Kilogramm schwere Buch im Format 65x75 Zentimeter enthielt kalligraphische Texte aus der Offenbarung des Johannes auf Pergament. Illustriert war das von Papst Johannes XXIII. gesegnete Projekt mit Graphiken von mehreren Künstlern. Unter ihnen befanden sich Salvador Dalí, Jean Cocteau, Georges Mathieu, Bernard Buffet, Frédéric Delanglade und Pierre-Yves Tremois. Letzterer hatte die aquarellierte Zeichnung eines explodierenden Totenkopfs beigesteuert, den Willaschek nie vergessen sollte und der lange Maßstab für die Qualität eigener Arbeiten war. Neben den aus heutiger Sicht eher faden Graphiken einer Léonore Fini oder den »entsetzlichen« Blättern Buffets waren fast alle Arbeiten zeitlose Meisterwerke. So auch die wunderbare Arbeit von Delanglade, *Die apokalyptischen Reiter*, die Willaschek zeichnerisch mit Farbtuschen und Feder interpretierend nachvollzog. Diese frühe Arbeit ist noch in seinem Besitz.

Der frei assoziierbaren Narration in der Kunst gab er stets den Vorzug und begeisterte sich für handwerkliches Können. So waren Wifredo Lam, der frühe Salvador Dalí, Man Ray, Richard Oelze, René Magritte, Umberto Boccioni, Giorgio de Chirico, Victor Brauner, Roberto Matta und Max Ernst seine bewunderten Vorbilder. Eine besondere Vorliebe zeigte er für die Symbolisten und Romantiker des 19. Jahrhunderts und auch für die Manieristen der Übergangszeit von der Renaissance zum Barock. Er erarbeitete sich mühevoll Gustav René Hockes Standardwerk über den Manierismus, *Die Welt als Labyrinth,* und sah in den Künstlern jener Epoche die direkten Vorläufer zu den von ihm früh favorisierten Surrealisten. Dem Surrealismus und auch dem Dadaismus als direkten Vorläufern galt sein

Hauptinteresse, und er las das wenige, dass er durch seinen Mentor Bart-Williams in die Finger bekam oder – selten genug – im Fachhandel fand, mit Begeisterung. Wie gerne hätte er – in typischer Selbstüberschätzung – sich im ersten Drittel des 20. Jahrhunderts mit den Protagonisten des Aufruhrs in den Cafés am Montparnasse geprügelt und an ihren Aktionen, Denk- und Sprach-Experimenten teilgenommen ...

Mit seiner Hinwendung zu dieser Philosophie sollte RO Willaschek zukünftig noch einigen Ärger haben und zu spät merken, dass der Begriff Surrealismus in der BRD – und tatsächlich *nur* in der BRD – fast ein Schimpfwort war unter den sogenannten Intellektuellen und Künstlern.

Gaston Bart-Williams drehte damals einen Kurzfilm und RO musste – als Sargbauer, der ein Riesenkreuz durch die Werkstatt schleppte – die Hauptrolle übernehmen. Gaston nahm ihm zu Hörspiel-Produktionen mit, die beim WDR stattfanden und ließ sich für eine Vortragsreise in die USA, wo er an mehreren Universitäten referieren sollte, von RO Plakatvorlagen machen – gezeichnete und in photographischer Mischtechnik hergestellte Werke. So wurden viele Universitäten in den USA für die Zeit des Aufenthaltes von Bart-Williams mit Willascheks Plakaten zugepflastert.

Bis zu seinem tragischen und viel zu frühen Tod 1990 in seiner Heimat Sierra Leone sollte die Verbindung zwischen Bart-Williams und ihm nie abreißen. Ein Projekt, das beide nach Abschluss von Dreharbeiten Bart-Williams' in Afrika gemeinsam realisieren wollten, kam nicht mehr über das fertige Konzept und drei Arbeiten hinaus. Beide wollten ein in Serie produziertes großformatiges Kassettenwerk zusammenstellen mit sogenannten »Picture Poems« – in Bildern integrierte Poesie. Das Projekt sollte neben der Publikation in Ausstellungen gezeigt werden. Die Standorte waren bereits abgesprochen und festgelegt. Aber da kam der Tod.

Der Film

Bis 1965 gab es außerhalb des theater-, film-, und fernsehwissenschaftlichen Seminars der Philosophischen Fakultät an der Universität kaum eine Gelegenheit, anspruchsvolle Filme in Köln zu sehen. Das bundesdeutsche Spießer-Fernsehen frönte dem seichten Unterhaltungsfilm, und die Kinos wollten und mussten kassemachend die Masse beliefern. So konnte das Medium Film für Willaschek kaum eine Rolle spielen. Lediglich die in schwarz-weiß gedrehten Edgar-Wallace-Filme interessierten ihn und auch die frühen englischen Hammer-Produktionen des Regisseurs Terence Fisher. Man nannte dieses Genre damals noch abwertend »Schmuddelfilm«.

Mit der Installation der *Cinemathek* im Wallraf-Richartz-Museum und dem ersten Programmkino, *Die Lupe*, in der Zülpicher Straße, bekam ein breiteres Publikum in Köln endlich die Gelegenheit, anspruchsvollere Filme zu sehen. Das war ein Fest für Willaschek und er rannte permanent zu den beiden Institutionen, um zu sehen, was zu sehen sich lohnte.

In ROs Kopf-Pantheon wurde es langsam eng. Neben die großen Künstler, Dichter und Musiker traten nun noch die Filmemacher. Der Neunzehnjährige war begeistert von Buñuel, Godard, Truffaut, Carné, Chabrol, Cocteau, Bergman, Kurosawa und Gottvater Federico Fellini, der – wie Willaschek damals allen Ernstes meinte – nur ein Seelenverwandter von ihm sein konnte.

Der deutsche expressionistische Film vor 1933 ließ ihn nur staunen. Neben den Frühwerken Fritz Langs, Murnaus und Pabsts war für ihn Robert Wienes *Das Cabinet des Dr. Caligari* das Nonplusultra der frühen »laufenden Bilder«. Dieser Film gab wie kein zweiter den irrationalen Ängsten, unter denen er zuweilen litt, und seinem Hang zur bizarren

Düsternis Ausdruck. Noch sein im Jahr 2015 erschienener Gedichtband trägt den Titel *Caligari & Cesare*.

Willaschek konnte sich damals gut vorstellen, das *stehende* gegen das *laufende* Bild einzutauschen und ins Filmfach zu wechseln. Er sollte sich gedanklich noch sehr lange damit beschäftigen, in Filmen mitwirken und das Fach auch studieren wollen.

Rumänien I

Im Sommer 1965 fuhr RO Willaschek für drei Wochen mit den Eltern und Vetter Otmar in die Heimat der Mutter. Er wollte ihr und sich selber damit einen lang gehegten Wunsch erfüllen. In dem siebzehn Jahre alten, hellblauen »Käfer« mit den knallroten Radkappen, der über 250 000 Kilometer auf den Buckel hatte, fuhren vier eingequetschte Menschen mit ungeheurem Geschenkgepäck für die verarmte Verwandtschaft auf dem Dach tausende Kilometer durch den brüllend heißen Sommer Deutschlands, Österreichs, Ungarns und Rumäniens, hinein in die Waldgebiete der nordöstlichen Karpaten nahe der ukrainischen Grenze. Da RO der einzige war, der einen Führerschein besaß, durfte er die Strecke alleine meistern; es machte ihm dennoch einen Heidenspaß, – besonders das Durchfahren Rumäniens. Die Straßen waren damals zum großen Teil noch lebensgefährliche Zumutungen, und man wähnte sich oft im 19. Jahrhundert angesichts der vielen Pferdewagen, hinter denen man geduldig hertrotten musste. Betrunkene LKW-Fahrer, die einem auf der falschen Straßenseite entgegenkamen und mit Vorliebe im Dunkeln ohne Licht fuhren, Straßenschilder – so sie denn vorhanden waren –, die einen ständig in die Irre führten, und die unglaublichen Löcher in den Asphaltdecken, groß wie Stierköpfe oder auch schon mal wie mittelgroße Granattrichter, machten das Fahren zu einem sehr speziellen Abenteuer.

Davon abgesehen, sahen sie nach dem flachen Ungarn am dritten Tag ihrer Reise ein märchenhaft schönes und abwechslungsreiches Land mit bitterarmer Bevölkerung. Die dreizehn verschiedenen Ethnien schienen sich aber untereinander – wie RO später erstaunt bemerkte – prächtig zu verstehen. Allerdings gab und gibt es immer noch den schwelenden Konflikt zwischen dem ungarischen Teil der Bevölkerung und den Rumänen, den man schnell mitbekam, wenn man sich unter das Volk mischte und mit den Menschen in Kontakt kam. Dieses Privileg konnte RO in vollem Maße genießen, da Ottilie, seine Mutter, noch immer ein erstklassiges Rumänisch sprach und alles Gehörte simultan übersetzte. Otti ließ keine Gelegenheit aus, sich mit den Menschen zu unterhalten und sie auszufragen.

RO war wie verzaubert von der meist unberührten Landschaft mit ihren Wölfen und Bären, den unzähligen Schafherden – und Menschen, die in einer anderen Zeit zu leben schienen. Vieles von dem, was er da sah, erinnerte ihn an die unsäglich kitschigen Nachkriegs-Bergfilme aus Österreich und Bayern, die eine verlogene Idylle vermittelten: Bauern, die ihre Äcker mit Ochsen und Kaltblütern bearbeiteten, ausgelassen singende und scheinbar glückliche junge Menschen auf den von Ochsen gezogenen Heukarren, und eine autofreie Landschaft mit nur wenigen Traktoren fern fabrikmäßiger Massennutzung.

Die Städte, durch die sie fuhren, standen dazu im Kontrast und vermittelten eine eher düstere Tristesse: Herunter gekommene Plattenbauten wechselten sich völlig unkoordiniert ab mit der wunderbaren, aber heruntergekommenen Architektur vieler Bauten aus Spätmittelalter und Barock bis hin zu Gründerzeit und Jugendstil. Alles schrie regelrecht nach Putz und neuer Farbe – und nach lebensfrohen Menschen, die man aber vergebens zwischen den Häusern suchte.

Einzig die Universitätsstadt Cluj (Klausenburg) bildete eine Ausnahme. Hier gab es nicht nur das schmackhafteste Hähnchen, das er je verspeist hatte, es gab auch einen Buchladen an der Universität, der die jungen Urlauber mehr als überraschte. In der Schaufensterauslage lagen, ins Rumänische übersetzt, Literatur und Manifeste von André Breton, Tristan Tzara, René Char, Jaques Prévert und sogar Antonin Artaud. Wie passte das in ein Land, das von einem neostalinistischen Conducator (Führer) terrorisiert wurde? Wie passte das in ein Land, in dem Schriftsteller gegängelt wurden, in dem viele der Autoren Schreibverbot hatten und manche sogar ihr Leben in Gefängnissen zubringen mussten? RO konnte sich an den Bücher, die man in Köln (damals noch) vergebens suchte, nicht sattsehen und hätte gern mit jemandem darüber gesprochen, … aber sie mussten weiter.

Familie Willaschek hielt sich über drei Wochen im Geburtsort der Mutter auf. Vatra Dornei war eine kleine, damals noch fast verrottete, ehemalige Kurstadt in der Bukowina, umgeben von bewaldeten Bergen mit ihren Wölfen und auch Bären. Dieses Städtchen erinnerte nur noch von ferne an die große Zeit, in der sich der europäische Adel hier zu Kuren traf und Unsummen in dem einst prächtigen Jugendstil-Casino verprasste. Alles war verkommen – nur die zwei jungen Männer aus dem »glattrasierten« und satten Westen genossen mit ihrem fast morbiden Sinn für Verfall und Untergang alles, was sie sahen. Endlich konnten sie auch die zerfallenden Gründerzeit- und Jugendstil-Häuser bewundern, die ihr Großvater als Baumeister in die Stadt gesetzt hatte.

Von der kommunistischen Gesellschaftsform bekamen Otmar und RO zunächst wenig mit, außer in den größeren Städten, die sie durchfuhren; dann hatten sie jedes Mal das beklemmende Gefühl, beobachtet zu werden. Auf dem Land hingegen herrschten nahezu anarchische Zustände fern jeder Gesellschaftsform. So schien es, zu Beginn jedenfalls.

Auf dem Land galten in Rumänien offensichtlich jahrhundertealte Gesetze. Hier, am östlichen Rand Europas, wurde ein hartes, raues, scheinbar nur der Natur gehorchendes Leben gelebt, in dem der Tod – ähnlich wie in Mexiko – allgegenwärtig und selbstverständlich war. Die Menschen zeichneten sich durch tiefe orthodox-religiöse

Spiritualität aus, in die sich wie selbstverständlich uralter Aberglaube mischte. Zum ersten Mal kamen Otmar Rath und Roland Willaschek mit Mythen in Berührung, die dem westlich kultivierten Menschen erst vereinzelt und später inflationär begegneten in Form von Büchern, Comics und vor allen Dingen Filmen: Es waren die Werwolf- und Vampirgeschichten, die auf dem Land erzählt wurden und dort noch heute kursieren. RO registrierte die Selbstverständlichkeit, mit der über das Unglaubliche (immer aber nach langem Zögern) berichtet wurde und grinste über die vielen Knoblauchketten, die tatsächlich überall an den Eingängen und in den Stuben der kunstvoll verzierten Bauernhäuschen hingen.

Der bäuerlichen Bevölkerung ging es anscheinend relativ gut, da sie vom Regime schwer zu gängeln war und zudem eine Art romantisch verklärten »Artenschutz« unter Nicolae Ceauşescu genoss. Die Kleinbauern lebten nahezu autark von ihren paar Tieren und dem bisschen Land, das sie ernährte. Den Ţuica, dem reichlich zugesprochen wurde, brannten sie meist »schwarz« aus Zwetschgen, Mirabellen und sonstigem Fallobst in abenteuerlichen Destillationsgeräten Marke Eigenbau. RO und sein Vetter mussten bei den gastfreundlichen Rumänen den »Göttertrank« oft probieren und ihre Trinkfestigkeit unter Beweis stellen.

In dem von westlichen Einflüssen noch ziemlich unberührten Land erlebte Willaschek eine Fülle natürlicher Kreativität: kunstvoll verzierte Häuser, bunt-lustige Friedhöfe, prächtige Trachten, die selbstverständlich, wie auch die phantasievollen Teppiche, von Hand gewebt und bestickt wurden. Zudem gab es einen ungewöhnlichen Reichtum verschiedenster Musik und auch Literatur. Poesie schien in Rumänien nicht nur in der Literatur allgegenwärtig zu sein. Willaschek erinnerte sich an die Worte André Bretons, der in den 1930er Jahren geschrieben hatte: »Jeder Rumäne wird als Dichter geboren!«

In den Städten aber bekam RO Willascheks Sympathie gegenüber kommunistischen Ideen, die immer noch in seinem Kopf herumspukten, einen ersten Dämpfer. Sein Eindruck von der bulgarischen Realität war fast verblasst; auch hielt er Bulgarien mehr oder weniger für einen Einzelfall. Hier im Land seiner Vorfahren wurde er nun – fern des Polit-Romantizismus' und pseudorevolutionären Gehabes, das man sich im satten Westen leistete – mit einer ebenso bizarren wie grausamen Realität namens *sozialistischer Alltag* konfrontiert. Er spürte besonders in den Städten und Städtchen die Angst der Menschen, sich in irgendeiner Form kritisch zu äußern oder unliebsam aufzufallen. Dieses Unbehagen übertrug sich fast körperlich auf die Reisenden und erinnerte sie sofort an Bulgarien. RO entdeckte schnell die Willkür eines Staates, der sich in alles einmischte und den Alltag mit unmenschlicher Härte bis ins Kleinste bestimmen wollte. RO wurde fast krank angesichts der Ohnmacht des einzelnen Menschen gegenüber einem totalitären Regime, das mit den Jahren sogar noch schlimmer werden sollte. Nur wenige Alte flochten in ihre Erzählungen von früher die »Friedenszeit« ein. Auf Nachfrage, welche das sei, nannten sie allen Ernstes die Zeit der faschistischen Diktatur unter Antonescu und Hitler. Das erschreckte RO zutiefst, denn es waren keine Altnazis, die da sprachen, sondern Menschen, die versuchten, illusionslos irgendwie durchzukommen. So flohen Otmar und RO bei jeder Gelegenheit in die Wälder oder in die Stille der berühmten Moldau-Klöster, um frei atmen zu können.

Nur eines der vielen Erlebnisse mit dem real existierenden Pseudo-Kommunismus Rumäniens sei hier berichtet. Die Geschichte spielte sich in Vatra Dornei, der Geburtsstadt der Mutter ab. Es ist die kurze Geschichte einer Begegnung zweier Schulfreundinnen, die sich nach einundzwanzig Jahren wieder in den Armen lagen. Milli Dombrowsky hieß die bis auf die Knochen ausgezehrte und verblühte Schönheit, die weinend in Ottilies Armen hing und das Glück nicht fassen konnte, ihre geliebte Freundin aus alten Tagen wiedersehen zu dürfen. Otti Willaschek hatte ihrem Sohn vor der Fahrt nach Rumänien viel über die einstige Freundin erzählt. Dass sie als »das schönste Mädchen der gesamten Region« alle Männer in den Wahnsinn trieb und – wie ihre Mutter auch – herrlich Klavier spielen konnte. Die Mutter der Freundin, eine Gymnasialdirektorin und vermögende Generals-Witwe, wurde von Otti als stattliche und strenge Frau beschrieben, die einen »Salon« französischer Prägung unterhielt, in dem sich regelmäßig die *Intelligenzija* des Landes traf, wo man die neueste Literatur las, sie diskutierte und auch zwischendurch Kammerkonzerte veranstaltete. RO war gespannt auf die beiden Frauen. Ihn erwartete aber der blanke Horror: In einer zerfallenen und von Gestrüpp überwucherten Villa, die RO sofort an *Der Untergang des Hauses Usher* von Edgar Allan Poe denken ließ, hausten zwei ausgehungerte, dürre Frauen mit nur wenigen Zähnen im Mund; die ältere in sich zusammengesunken, nur noch auf den erlösenden Tod wartend, umgeben von verstaubten, aus einer Zeit des Wohlstandes, des erlesenen Geschmacks, der blühenden Kultur und der Intelligenz herübergeretteten Dingen. In der jüngeren der beiden Frauen konnte man nur mit Mühe die einstige Schönheit erahnen, die offenbar durch Entbehrungen und Willkür systematisch zerstört worden war. Über allem lag der Hauch der Verwesung: über den Tausenden von Büchern in verschiedenen Sprachen, die man vergessen hatte, den Frauen abzunehmen und die in mächtigen Wandregalen verstaubten; über dem völlig verstimmten Bösendorfer-Flügel, den keiner mehr spielen konnte oder wollte, und über den verschlissenen Teppichen, die auf verzogenen, knarrenden Holzdielen lagen. Die ehemals prachtvollen und nun verblassten Vorhänge waren fast ganz zugezogen, als sollten sie die verhasste Außenwelt daran hindern, in die Räume einzudringen. Die dunklen Möbel aus der Gründerzeit schienen nur noch einen langsamen Tod besingen zu wollen.

Es dauerte lange, bis Madame Dombrowsky Ottilie wiedererkannte. Und langsam begann sie schließlich, weinend und unwirklich flüsternd, zu erzählen. Die Mutter übersetzte einiges. Aber auch sie konnte die Tränen angesichts des Elends nicht zurückhalten.

Die alte Madame Dombrowsky war zwei Jahre inhaftiert gewesen, ohne dass sie wusste, wofür. In der Haft wurde sie schwer krank. Sie brauchte Medikamente, die sie nicht bezahlen konnte, denn sie hatte Berufsverbot und erhielt als erklärte *Feindin des Volkes* nur eine willkürlich festgesetzte Minimalrente, von der kein Mensch leben konnte. Ihre Tochter Milli wurde, wie in dem System üblich, in eine Art Sippenhaft genommen und durfte als Physikerin lediglich eine miese bezahlte Putzstelle im Rathaus bekleiden. Man wartete nur noch, so schien es, auf den Tod.

ROs Mutter konnte ein äußerst pragmatischer Mensch sein und hielt sich nicht lange beim Mitleid auf. Sie ging sofort in das nächste Lebensmittelgeschäft, um Vorräte einzukaufen und danach in die Apotheke. Derweil räumten Otmar, Max und Roland auf vorherige Anweisung Ottis den bewohnten Teil der Villa auf und brachten die verwaiste Küche auf Vordermann. Die steinerne Resignation fiel langsam von den zwei Frauen ab; vielleicht schämten sie sich auch; denn schließlich begannen sie ihrerseits, aufzuräumen und zu putzen. Otti Willaschek brachte Körbe voller Lebensmittel und Medikamente mit und die Frauen aßen zum ersten Mal seit Jahren Bananen, Apfelsinen und gebratenes Fleisch. Ihr Essen bestand sonst nur aus billiger Mamaliga, einem Maisbrei, oder Kartoffeln mit Gemüseabfällen vom Markt. Ihr Körper vertrug das ungewohnte Essen nicht, das sie mit Heißhunger verschlungen hatten, und Mutter Otti begab sich ein zweites Mal zur Apotheke.

In den Tagen darauf wurde ein in der Stadt ansässiger Klavierbauer herangeholt, der den Bösendorfer reparierte und durchstimmte.

Das waren die Augenblicke, in denen Roland seine Mutter grenzenlos bewunderte und ungeheuer stolz auf sie war. Otti Willaschek sorgte ab dem Zeitpunkt für die zwei Frauen, indem sie Monat für Monat Geld nach Rumänien schickte, das auch tatsächlich jedes Mal ankam. Milli verheiratete sich 1968 mit einem »sich gut stehenden« LKW-Fahrer, unter dessen Brutalität sie zwar litt, wie sie Otti in Briefen mitteilte, mit dem sie aber wenigstens ein einigermaßen würdiges Leben führen und so auch ihre Mutter mitversorgen konnte. Madame Dombrowsky starb zwei Jahre nach Millis Heirat. Milli selbst konnte nur drei Jahre lang ihr »Eheglück« genießen. Dann folgte sie ihrer Mutter.

Die Rückkehr nach Deutschland war für RO schlimm, denn er hatte Rumänien und seine Menschen lieben gelernt. Ähnlich dürfte es den Mitreisenden gegangen sein. In den rumänischen Karpaten fühlte RO sich zum ersten Mal richtig zu Hause, trotz des totalitären Regimes. Er fühlte sich verwandt mit den abergläubischen Ţuica-Säufern, die so herrliche Musik machen konnten und ein so entspanntes Verhältnis zu ihren Wölfen, Bären und auch dem Tod hatten. Zurück in den Westen fuhren zwei desillusionierte junge Männer, denen man nie wieder mit Ideologien – gleich welcher Art – kommen konnte. Nicht unwichtig, denn Auseinandersetzungen mit politisch missionierenden Schwätzern sollte es in naher Zukunft genügend geben.

Sie hatten sich bei der Reiseplanung verrechnet und RO musste, um mit Max pünktlich zur Arbeit zu erscheinen, die Strecke nach Köln in einem Stück durchfahren. Zweitausend Kilometer in zwei Tagen mit nur kurzen Pausen ohne echten Schlaf! RO war jung, ziemlich vital und schaffte es irgendwie. Nur konnte er, als er endlich wieder in Köln war, völlig überreizt, nicht schlafen.

Als er am nächsten Tag zur Arbeit fuhr, überkam ihn unterwegs ein Sekundenschlaf. Er prallte mit einem entgegenkommenden Lieferwagen frontal zusammen und wurde meterweit aus dem Wagen gegen eine Mauer geschleudert. Er musste »zusammengeflickt« werden und durfte das evangelische Krankenhaus Weyertal, in dem sehr viel später mal seine Tochter geboren werden sollte, erst nach drei Wochen verlassen.

Als er später den Käfer auf dem Schrottplatz sah, bekam er weiche Knie. Der Wagen war fast auf die Hälfte geschrumpft, sah aus wie eine Ziehharmonika, und das Lenkrad hatte sich durch den Vordersitz gebohrt. Wäre er angeschnallt gewesen, er hätte seine Gedichte und Bilder im Jenseits verfertigen müssen.

Interessanterweise rief eine Stunde nach dem Unfall Britta Zagel aus Berlin aufgeregt in der Kölner Werbeagentur an und fragte, ob dem RO etwas passiert sei, sie hätte einen schrecklichen Albtraum gehabt, in dem sie von seinem Unfall träumte.

Die Eindrücke seiner Reise veranlassten Willaschek endlich, sich intensiver und kritischer mit dem Kommunismus auseinanderzusetzen. Er hinterfragte die Idee und wollte dahinter kommen, aus welchen Gründen bei ihrer Verwirklichung nahezu alles schief ging. Er las zum ersten Mal regelmäßig den SPIEGEL und Tageszeitungen, um sich über das politische Geschehen zu informieren. Er beschäftigte sich zudem mit den Gedichten von Wladimir Majakowski, Sergei Jessenin und Welimir Chlebnikow. Des Weiteren las er die Autobiographie Leonid Trotzkis, und anschließlich Wolfgang Leonhards *Die Revolution entlässt ihre Kinder* und Jürgen Rühles *Literatur und Revolution*, das für ihn substantiellste Buch, das er in jenen Jahren las.

Dank dieser Lektüren, den Erfahrungen, die er in Ostblockländern gemacht hatte und seiner Fähigkeit, zu eigenständigen Schlüssen zu kommen und, festigte sich seine kritische und nonkonforme Grundhaltung gegenüber jeder Art von Konformismus und war so gefeit vor jenen »Polit-Romantizismen«, denen er in den darauffolgenden Jahren unter Gleichaltrigen noch massiv begegnen sollte. Seine kommunismuskritische Haltung bedeutete aber keineswegs, dass er Sympathie für angebliche Gegenentwürfe wie zum Beispiel den ihn umgebenen Kapitalismus oder Bakunins Anarchismus aufbrachte.

Ihm blieben Poesie, Bildende Kunst und Musik als »Heimat« – die Anarchie des Geistes, wie Willaschek stets betont. Die Inakzeptanz seiner gleichaltrigen Umgebung, die nach einer Revolution sowjetischen Vorbilds zu blöken begann, nahm er gelassen in Kauf, war er doch als Einzelkämpfer von Kind an bestens trainiert.

Berlin 1967

1966 verlief ohne nennenswerte Ereignisse – bis auf einen Telefonanruf im Herbst, der eine radikal neue Weichenstellung in ROs Leben veranlasste. Der Anruf kam von der Berliner Göre, der permanent quirligen Britta Zagel. Sie teilte RO mit ihrer bezaubernden Stimme, die sie gekonnt über fast drei Oktaven durch den Draht mäandern ließ, mit, dass es so auf die Dauer nicht weiterginge mit ihnen. RO solle nach Berlin ziehen, damit aus der Hin-und-her-Story endlich mal blutiger Ernst würde. Der rasend verliebte Roland kündigte sofort zur verinbarten Frist seinen Job in der WK. Der alte Heinsch, sein Chef und väterlicher Mentor, konnte »so viel Blödheit auf einem Haufen« nicht fassen. Hatte der Junge in seinen Augen doch die sichere Karriere als Agenturleiter und späterer Besitzer leichtfertig hingeworfen – und das, wie er sich ausdrückte, »wegen eines dämlichen Weibsbildes«. Heinsch war persönlich betroffen und maßlos enttäuscht.

Am 31. Dezember 1966 betrat RO den Boden Berlins, seiner ersten Heimat. Vorher hatte er von Köln aus, ohne seiner Flamme davon auch nur ein Sterbenswörtchen zu verraten, für Wohnung und Arbeitsstelle gesorgt. Er war guter Dinge, fand die Idee, »seine« Britta zu überraschen, witzig. Weniger witzig war ihre Reaktion, als gleich sein erster Gang ihn zu ihr führte. Sie wunderte sich nämlich nur kurz und … das war's auch schon.

RO dämmerte, dass er die ganze Zeit vielleicht nur einer Chimäre aufgesessen war. Aber so schnell wollte er nicht aufgeben. Britta, die mittlerweile Medizin studierte, hatte man aus der medizinischen Fakultät entfernt, weil sie im KaDeWe, dem Kaufhaus des Westens, ein Kleid hatte mitgehen lassen und dabei geschnappt worden war. Sie machte nun in der Klinik *Waldfriede*, einem Krankenhaus der

Adventisten im feinen Zehlendorf, eine Ausbildung zur Krankenschwester. RO wohnte in unmittelbarer Nähe, in der Fischerhüttenstraße, im Reihenhaus einer »lustigen Witwe«. Er besuchte die »Göre«, die sich zu einer äußerst attraktiven jungen Frau entwickelt hatte, anfangs pausenlos, dann immer weniger. Mit anzusehen, wie sie leicht und unbeschwert vor den Augen des Neuberliners ständig die Männer wechselte, war nicht unbedingt sein Ding. Er gab schließlich auf. Seltsamerweise war er ihr in keiner Weise böse. Er konstatierte ihre »Leichtigkeit des Seins« als unabänderlichen Charakterzug und fand sich merkwürdig rasch mit der finalen Lage der Liebesdinge ab. Nicht so Britta Zagel, die seltsamerweise immer dann auf der Bildfläche erschien, wenn nun er an fremden Rockzipfeln fummelte – und das geschah inzwischen des Öfteren.

RO lernte in dieser Zeit so einiges über das »Phänomen Frau« und kam aus dem Bauklötzestaunen nicht mehr heraus. Da trieb dieser Vamp, diese »Femme fatale« also ihr Spiel nicht nur mit ihm, sondern auch mit anderen Hosenträgern. Kurioserweise zählten einige von Brittas Auserwählten, wie zum Beispiel Helmuth Nietschke, im Übrigen der Schöpfer des Namenskürzels »RO«, zu seinen besten Freunden.

Im Mai 1967 wurde RO Willaschek 21, nach damaligem Gesetz also volljährig. Dennoch war er, darüber konnten die Rockzipfel-Flirts nicht hinwegtäuschen, immer noch eine unbedarfte »Jungfrau«. Das sollte sich Anfang Juni ändern. Da stand eine gewisse Maria Bijou in der Tür – bewaffnet mit einer Flasche Canadian Club Whisky und sagte zum verdutzten RO: »Alter, du hast noch nicht und ich auch nicht! Wird langsam Zeit für uns!« Dann zog sie sich einfach aus. Und RO durfte feststellen, dass auch kühnste Männerphantasien schon einmal übertroffen werden. Maria war eine rassige Schönheit mit atemberaubender Ausstrahlung und machte ihrem französischen Nachnamen alle Ehre. Rein optisch hätte sie die jüngere Schwester von Caterina Valente sein können, aber mit einer noch aufregenderen Figur. Dazu war sie sehr gebildet und durch und durch musisch veranlagt! Nun: Sie probierten herum, bis es endlich klappte … Was für eine außergewöhnlich schöne, stressfreie Doppelentjungferung!

Willaschek hatte dieses Wunderweib in der adventistischen Gemeinde Wilmersdorf kennengelernt, zu deren Gottesdiensten er sporadisch ging, und sie freundeten sich auf platonische Art an. Bis zu jenem Tag im Juni 1967 … Da verbrachten sie Stunden um Stunden – die Flasche mit dem kanadischen Whisky leerte sich zusehends – die Welt der sexuellen Sinnesfreuden zu entdecken und lachten viel über ihre anfängliche Ungeschicklichkeit, die sich aber schnell geben sollte.

Maria blutete bei der Entjungferung enorm, womit die beiden naiverweise nicht gerechnet hatten. Der »Saft des Lebens« suchte seinen Weg tief hinein in die mitgemietete Matratze, die danach, völlig versaut, den Weg alles Irdischen fand. Die reizende Vermieterin fand das aber überhaupt nicht reizend, und der endlich zum Mann gereifte Willaschek durfte zu Beginn seiner spannenden neuen Lebensphase gleich eine neue Bleibe suchen. Die fand er in der Nähe des Nollendorfplatzes beim hochbetagten Herrn Franke, der völlig allein eine riesige Wohnung besaß und der seinen neuen Untermieter trotz des »wilden« Äußeren sofort ins Herz schloss. Die Sympathie beruhte auf Gegenseitigkeit und die zwei so unterschiedlichen Männer führten oft und lange angenehme Gespräche über Gott, die Welt und natürlich über die Frauen.

Nach »der wundersamen Entjungferung des Zöglings RO« war Willaschek stocksauer, nicht viel früher mit dem physischen Verkehr begonnen zu haben. Mit der schönen Maria wurden daher fleißig alle Übungen im Bereich der »fleischlichen Sünde« nachgeholt.

Fräulein Bijou, die angehende Lehrerin, wohnte mit ihrer Mutter (schon wieder ein Mensch ohne Vater) in der besseren Ecke von Kreuzberg und die reizende alte Dame sah den Langhaarigen gern in Begleitung der Tochter. Er schien damals trotz des Gammellooks so etwas wie ein Schwiegermuttertyp gewesen zu sein.

Besonderes Vergnügen machte es den beiden jungen Menschen, wenn Maria splitternackt auf dem Bechstein-Flügel ihrer meist abwesenden Mutter Chopin, Schumann und Bartók spielte – und sie spielte, fand RO, wie eine Göttin. Für ihn war es eine Zeit voll poetischer Erotik und erotischer Poesie. Es hätte zwischen ihm und Maria eine große Liebe entstehen können, aber die – objektiv gesehen – weit weniger attraktive Britta Zagel mit dem stets schief grinsenden Mund und dem leichten Doppelkinn war stärker und wollte ihm nicht aus dem Kopf gehen. Er empfand sie wie einen Dämon, der ihn in seinen Klauen gefangen hielt, gab ihn einfach nicht frei und schien ihren höllischen Spaß dabei zu haben!

So beendete RO das Verhältnis mit der bildschönen Maria, um nicht noch größeren Schaden bei ihr anzurichten, denn sie schien ihn aufrichtig zu lieben. Der Abschied war für sie sehr schlimm. RO hingegen genoss trotz des enorm schlechten Gewissens, das er noch sehr lange hatte, und dem spürbaren Verlust regelmäßiger Zweisamkeit seine wiedergewonnene Freiheit.

Heute stellt Willaschek sich die kuriose Frage, wie er wohl damals auf Britta Zagel reagiert hätte, wenn sie sich eindeutig zu ihm bekannt und als Konsequenz von ihm eine gemeinsame Zukunft verlangt hätte? Vielleicht würde er, der damals alles, was nach Fesseln aussah, schroff ablehnte, sich erschrocken aus der Affäre gezogen haben?! Das kluge Fräulein Zagel wiederum mochte die Psychologie des jungen Mannes aus Köln erspürt haben und wollte durch ihre »Flatterhaftigkeit« einem möglichen Debakel frühzeitig und unbeschadet aus dem Wege gehen. Vielleicht aber war sie RO Willaschek in dieser Hinsicht auch zu ähnlich. Er wird es wohl nie erfahren.

Die Zeit in Berlin war für RO Willaschek eine kurze, aber merkwürdige Zeit. Eine Zeit des Staunens, des Lernens. Die junge Gesellschaft Berlins war politisch wesentlich ambitionierter als die in Köln und man diskutierte und demonstrierte bei jeder Gelegenheit. RO hörte den Reden Rudi Dutschkes an der FU zu und verstand im doppelten Sinne relativ wenig. So besorgte er sich *Das Kapital* von Karl Marx und ein Wörterbuch des Marxismus-Leninismus, um das Denken und die mit fremden Wörtern gespickte Sprache der Agitatoren und ihrer Adepten besser zu verstehen. RO wollte zumindest mit- und dagegenreden können. Die Bücher halfen aber wenig. RO entdeckte stattdessen überall immer mehr konformistischen Gruppenzwang. Kritik an der eigenen Ideologie wurde selten bis nie geduldet. Das alles war ihm nicht fremd; fremd war nur die neue Verpackung. Denn schon wieder – wie in seiner Kindheit und frühen Jugend – begegneten ihm geballte Intoleranz, plumpe Rechthaberei und intellektuelle Enge, die mit Widersprüchen nicht umgehen wollte oder konnte. Formal waren dies dieselben Mechanismen, die in Hitlers III. Reich die Konzentrationslager und in Stalins Sowjetunion die Gulags füllten. All das, was er bereits von früher durch Schule, Erziehung und die Kirchen kannte, kam nun in Gestalt einer angeblichen Jugendrevolte daher, um alles, was von ihrer Linie abwich, mit genau denselben formal totalitären Mitteln zu bekämpfen. Für Willaschek war das nichts anderes als der Versuch, den Teufel mit Beelzebub auszutreiben. Das alternative Treiben entpuppte sich für RO letztendlich als das durchschaubare und gefährliche Spiel einiger Egozentriker, die sich wie Gralshüter einer ultimativen Wahrheit vorkamen und sich berufen glaubten, beides dem »minderbemittelten« Fußvolk mit allen Mitteln einzubläuen. Diese kleinen Hitlers, Stalins und Maos liefen RO Willaschek – besonders massiv damals in Berlin – immer wieder über den Weg. Er mied sie schließlich wie eine ansteckende Krankheit. Seine intellektuelle Befähigung sollte einen radikal nonkonformen Weg suchen, einen, der dem gesamten Menschen in seiner Würde und selbstbestimmbaren Potenzial entspricht.

Schlimm für RO war, Monate später erleben zu müssen, wie Britta Zagel bei diesem – wie er es nannte – »gefährlichen romantischen Schwachsinn« mitmachte. Sie vollzog einen Kleiderwechsel von ihrer radikal adventistischen Überzeugung zu der noch radikaleren sozialistischen. Sie bestätigte exemplarisch seine Sicht der Dinge. Er sollte sich Jahre später kaum wundern über ihren Wechsel zu der wiederum absolut ultimativen, alles besser wissenden und keinen Widerspruch duldenden Selbstfindungs-Wellness-Öko-Szene. Etwas Scheinheiligeres konnte sich Willaschek damals kaum vorstellen: Sich selbst erlösende, Körner kauende, erklärte »Gutmenschen« in Birkenstocklatschen mit erklärt totalem Anspruch auf permanente Glückseligkeit. War das nicht ein vergleichbarer, oder gar identischer Anspruch, wie ihn die Nationalsozialisten, Stalinisten, Maoisten, Großkirchen und Sektierer mit ihren Konzentrationslagern, Gulags, Umerziehungslagern und Inquisitionen vertraten? Willaschek fragte sich das immer wieder und fand für eine Widerlegung seiner Vermutung bis heute kaum schlüssige Gegenbeweise.

Mit Britta Zagel, das wurde nichts, obwohl sie sich später noch oft trafen und gelegentlich auch miteinander schliefen. RO durchlitt Phasen tiefer Depression, in denen er daran dachte, seinem offensichtlich vermurksten Leben in einer vermurksten Welt ein Ende zu setzen. Zu diesem Zweck trug er stets ein Röhrchen Quecksilberchlorid bei sich, das er in der Firma Fein »abgezweigt« hatte und erst Jahre später endgültig entsorgte.

Eines nachts schrieb er an der Krummen Lanke, dem »gemeinsamen« See im Grunewald, in einer Phase tiefster Niedergeschlagenheit ein kurzes Gedicht, von dem sein Mentor Bart-Williams später sagte, dass es mit das Beste wäre, was er je gelesen hätte:

Nackte Bäume
Gedanken an Tod
Verschwinde Mond
Nimm die Laternen mit

Er ließ diese Gefühlslagen aber nie lange zu. Er glich darin einem energiegeladenen Stehaufmännchen, packte sich jedes Mal wie Münchhausen am Schopf und zog sich selbst aus dem Loch, das ihn zu verschlucken drohte. Das hatte er wohl von seiner Mutter, die in kritischen Situationen jedes Mal einen überraschenden Pragmatismus an den Tag legte.

Zu dem emotionalen Flop mit der »Göre« gesellte sich ein anderer hinzu: Die Arbeitsstelle in einer Druckerei, die er über die Berliner Arbeitsvermittlung von Köln aus vermittelt bekam, entpuppte sich als Ergebnis schwärzesten Humors, wie er damals wahrscheinlich nur noch in der ehemaligen Reichshauptstadt gepflegt wurde. In dieser Buchdruckerei, die eher einem Museum glich, sollte er im Keller eine riesige Mauer einreißen, um so Platz zu schaffen für eine mächtige vorsintflutliche Großraum-Horizontalkamera, die an eine Großversion der *Camera obscura* von Leonardo da Vinci erinnerte und in Einzelteile zerlegt in unzähligen Kellerräumen verteilt herum lag. Anschließend sollte er das antiquarische Monster aus der Zeit von vermutlich noch vor dem Ersten Weltkrieg zusammenbauen, Wasser- und Stromleitungen legen, Entwicklungsbecken installieren, um dann irgendwann endlich mit der eigentlichen Arbeit zu beginnen. Willaschek griff sich an den Kopf über so viel Schwachsinn, sagte Dankeschön und verschwand aus der bizarren Umgebung voller Irren.

Andere Arbeit suchte er erst einmal vergebens. Das Axel-Springer-Imperium hatte fast das gesamte graphische Gewerbe an sich gerissen. Springer liquidierte nahezu alle Druckereien und Klischeeanstalten, die nicht durch seine printmediale Übermacht auf dem zu eng gewordenen Markt von selbst in Konkurs gingen, indem er sie aufkaufte, um sie anschließend zuzumachen. Das Kartellamt in Berlin schien damals auf höchste Anweisung hin in einen seltsamen Tiefschlaf gefallen zu sein. Willaschek war zum ersten und letzten Mal in seinem Leben arbeitslos, genoss aber die unverhofft freie Auszeit, auch wenn er – mit stoischer Gelassenheit übrigens – streckenweise hungerte und seine Zigaretten aus weggeworfenen Kippen drehte. Er lebte bewusst nicht von »Stütze«. Er war unfassbar stur und lehnte Arbeitslosenunterstützung von einem Staat, den er aus tiefstem Herzen verabscheute, kategorisch ab. So wurde er tagsüber zu einem Stadtstreicher, fuhr tagelang völlig allein schwarz mit S-und U-Bahn alle Strecken des gewaltigen Netzes ab, um immer dann auszusteigen, wenn er glaubte, aus der Bahn heraus etwas Interessantes entdeckt zu haben. Und es gab in West-Berlin so viel zu entdecken, wenn man sich für Geschichte und Architektur interessierte!

Besondere Freude machten ihm die kleinen Jazzkonzerte experimentierfreudiger Combos in herrlich verräucherten Klubs wie dem »Old Eden« oder der »Eierschale«, wo sich RO mit einigen der neu gewonnenen Kumpels traf und sich aushalten ließ.

Das gesparte und mitgebrachte Übergangsgeld war natürlich schnell aufgebraucht und Ottis monatliche Fresspakete, bestehend aus Nudeln, Konserven und koscheren Wurstwaren, an die er noch gern in Dankbarkeit denkt, gingen immer rasch zur Neige.

Endlich fand er eine Stelle in einer Klischeefabrik, an die RO Willaschek noch mit Grausen zurückdenkt. Die Firma nannte sich nach dem Besitzer Dr. Siegbert Tösche- Flittler (Name nur leicht geändert). Diese unsäglich heruntergekommene Klitsche existierte in den einzig bewohnbaren Räumen einer zerbombten fünfstöckigen Ruine. Man kam nur über geländerlose, einsturzgefährdete und schuttüberladene Treppen in die schrottigen Arbeitsräume der dritten Etage, die vom Krieg verschont geblieben war. Das Trümmerhaus stand einsam inmitten einer riesigen weggebombten Freifläche vis-à-vis der Ruine des Anhalter Bahnhofes und der Berliner Mauer. Man konnte den Kollegen im Aufbau-Verlag der DDR über die Mauer hinweg zuwinken und ihnen mit dem Fernglas bei der Arbeit zusehen. Diese arbeiteten, im Gegensatz zu ihren West-Kollegen, mit modernster Gerätschaft in gepflegter Umgebung. Der Besitzer der »Schrottfirma« war ein alter und extrem eitler Fatzke; ein menschenverachtender Nazi, der aus seiner braunen Gesinnung nicht den geringsten Hehl machte, von der Materie seines Ladens aber kaum eine Ahnung besaß, aber die Leute zu absoluter Höchstleistung antrieb und sich obendrein erlaubte, untertariflich zu bezahlen. Er konnte sich das leisten, denn es gab, wie erwähnt, in Berlin kaum Arbeit für Fachkräfte im Graphischen Gewerbe, die, hatten sie denn endlich Arbeit, sich bereitwillig auspressen ließen. Wo war die korrigierende Gewerkschaft? Die sollte Willaschek ebenfalls noch kennenlernen!

RO, der im Graphischen Gewerbe Kölns für Qualität und schnelles Arbeiten recht bekannt war, musste plötzlich mehr als das Doppelte leisten und sich wie ein Würstchen behandeln lassen. Die Qualität der Arbeit war Nebensache. Es ging um Masse statt Klasse. Am Abend lag er nur noch völlig fertig in der Gegend herum und war zu nichts mehr fähig. Er trank dann seinen Rotwein, rauchte ein bisschen Gras, und glotzte nur noch stumpfsinnig in die Röhre.

Nach zwei Monaten irrwitziger Maloche wagte RO es, in der heruntergekommenen Fabrikruine des bekennenden Altnazis in einer kommunistenfeindlichen, absolut rechtslastigen »Frontstadt« in der Mittagspause ein linkes Blatt zu lesen. Es war eine Ausgabe von *Konkret*, einem der vielen Blätter, die er damals regelmäßig, wenn auch immer mit kritischem Vorbehalt las. Als der stets braun gebrannte Fabrikbesitzer ihn sah, rastete er völlig aus und schrie ihn mit hochrotem Kopf und sich überschlagender Kastratenstimme an, was er sich erlauben würde, in seiner Firma so ein Schmierblatt zu lesen. RO durfte den Saustall fristlos auf der Stelle verlassen und im Kontor seine Papiere abholen. Interessant war auch die Reaktion seiner Arbeitskollegen: Ansonsten hatten sie allesamt eine große Klappe – wofür Berliner ja auch bekannt sind, nun aber taten sie sehr geschäftig oder sahen betreten irgendwo hin …

Das war die ehemalige Reichshauptstadt Berlin im Jahre 1967, von der man damals sagte, dass sie eine Reise wert sei – und wo der langhaarige Roland Willaschek auf dem Kurfürstendamm von einem alten Mann satt ins Gesicht gespuckt wurde und mehrere Male in der U-Bahn lautstark aufgefordert wurde, gefälligst in die DDR rüberzumachen, weil man glaubte, in ihm eine »linke Bazille« und einen »arbeitsscheuen Gammler« ausgemacht zu haben.

Die West-Berliner waren damals in der Mehrzahl bis auf die Knochen emotionalisiert durch eine absurde Inselsituation, den noch absurderen Mauerbau und die ersten Unruhen an der Freien Universität, was die angepasst Denkenden vollkommen irritierte. Es folgten erste Demonstrationen gegen den Vietnam-Krieg. Die Unruhen sollten in der Schah-Demonstration am 2. Juni gipfeln, bei der RO noch tatkräftig mitmischte und dafür zwei Tage im Knast landete. Es gab dabei schließlich den ersten Toten: Benno Ohnesorg – ermordet durch einen Polizisten. Es sollte die Geburtsstunde der RAF sein.

Der Großteil der Berliner Bevölkerung verstand angeblich nichts und gebärdete sich äußerst reaktionär dank der die Meinungen manipulierenden Springerpresse, die mit ihren Schmierblättern BILD und BZ täglich Hetzkampagnen gegen Gammler, Langhaarige, Linke, vermutete Anarchisten und Andersdenkende startete und damit enormen Erfolg hatte.

Willaschek hatte von Berlin langsam »die Schnauze voll« und begann sich immer mehr nach seinen lockeren und lustigen Rheinländern zu sehnen. Vorher wollte er sich aber gegen den »Klischeefaschisten«, wie er Tösche-Flittler nannte, wehren. Als Gewerkschaftsmitglied, das er vom ersten Tag seiner Lehre an war, glaubte er einen direkteren Zugriff auf die Inanspruchnahme geltenden Arbeitsrechts zu haben. So suchte er im DGB-Haus in der Nähe des Wittenbergplatzes über vier Stunden lang eine zuständige Person für seinen Fall. Er wurde jedes Mal, wenn bekannt wurde, aus welchem Grund der fristlose Rausschmiss erfolgt war, sofort zum nächsten Sachbearbeiter geschickt, der ihn dann wiederum weiter verwies. Es war ein absurdes Spiel. Willaschek kam sich vor wie unter einer Anhäufung von Schwachsinnigen. Schließlich saß er völlig entnervt vor der perfekten Karikatur eines fetten, Zigarre paffenden Gewerkschaftsfunktionärs, der ihm zynisch grinsend und breit sächselnd mitteilte, dass sich der »halbstarke Kollege« nicht zu wundern brauche über die völlig natürliche Reaktion eines in der Branche sehr angesehenen Firmenchefs, wenn in dessen Räumen so ein defätistischer Schund gelesen werde (alles Originalton). Er könne für so einen »Kollegen« wie Willaschek leider nichts tun. Basta.

Willaschek platzte der Kragen. Er schmiss dem fetten Funktionär seinen Gewerkschaftsausweis ins Gesicht, riss den mit Aktenstößen, Familienfoto und Reiseschreibmaschine vollgepackten Schreibtisch an der Kante hoch und warf ihn komplett auf den Kerl, der darunter nebst zusammengebrochenem Sessel zu liegen kam. Dann verabschiedete RO sich höflich und wünschte noch einen guten Tag. Noch beim Verlassen des DGB-Hauses wunderte sich der spindeldürre Willaschek, wo er plötzlich solche Kräfte her hatte und registrierte bei sich eine prächtige Laune. Der DGB-Austritt hatte seltsamerweise kein juristisches Nachspiel.

RO Willaschek beschloss, die »Stadt voller Irren« – seine Heimatstadt – endgültig zu verlassen und verbrachte die darauf folgenden Tage mit der Wohnungskündigung bei dem rührigen Herrn Franke, der sehr traurig war und ihm zum Abschied einen alten Kerzenständer schenkte. Er verkaufte ihm noch einen steinalten Opel Olympia für nur 80 DM, den RO mit seinen Büchern, Schallplatten und sonstigen Utensilien vollpacken konnte. Es gab einen letzten Treff mit Freunden, bei dem reichlich dem Alkohol zugesprochen wurde, und ein letztes Telefonat mit der merkwürdig bestürzten Britta Zagel, die nur zögernd etwas erwiderte. Dann fuhr er in bester Laune in Richtung der tatsächlichen Heimat Köln, der Stadt, in der, wie er glaubte, die Welt noch einigermaßen in Ordnung war.

Berlin sollte er noch einige Male besuchen; zuletzt 1989, vier Monate vor dem überraschenden Mauerfall, um die Hauptrolle in einem Kurzfilm von Andreas Fischer (Moraki-Film GmbH) zu spielen.

Zurück nach Köln

Ottilie Willaschek mit ihrem vorausschauend-praktischen Sinn hatte ROs kleine Wohnung in der Petersbergstraße in dessen Abwesenheit freigehalten, obwohl er ihr aus Berlin mitgeteilt hatte, sie könne sie ruhig aufzugeben. Mütter! Sie warten immer auf die Rückkehr der Söhne.

Der erste Gang des Rückkehrers führte zur Agentur WK Werbekunst. Deren Chef, Herr Heinsch, machte ihm aber schnell klar, dass das Vertrauen unwiderruflich dahin und für ihn in der Agentur kein Platz mehr sei. Wie sollte er einen Mann als Nachfolger aufbauen, dem eine Frau wichtiger war als die Firma? Der nächste Weg führte in seinen Ausbildungsbetrieb, die Chemigraphische Kunstanstalt. Ludwig Fein freute sich, und RO konnte schon in der darauffolgenden Woche seine Arbeit antreten.

Nach dem, was er in Berlin erlebt hatte, genoss Willaschek erst einmal die schöne Arbeit in geordneter Umgebung, die Kollegen mit dem gesunden Selbstbewusstsein und die rheinische Gelassenheit. Er wurde aber bald wieder unruhig und überlegte ständig, wie es mit ihm weitergehen sollte.

Die Kölner Zeit vom Herbst 1967 bis in den August 1968 war von rastloser Betätigung bestimmt. Er versuchte sich bildnerisch in Abstraktion, gleichzeitig aber auch in penibel gefertigten Schraffurzeichnungen surrealer Thematik, die man ihm förmlich aus der Hand riss. Er verfasste in seiner freien Zeit Gedichte, krude Manifeste gegen herrschende Meinungen, und es entstanden die ersten nicht gelungenen Kurzgeschichten. Er scharte Leute um sich und nervte sie lustvoll mit seinen jeweils neuesten Erkenntnissen. Willaschek hatte in Berlin eine merkwürdige Wandlung vom Schweiger zum Schwätzer vollzogen und spielte oft den Guru in seiner Klettenberger Wohnung.

Anfang 1968 rief eine leutselige Britta aus Berlin an, um ihm zu verkünden, dass sie geheiratet habe und nun Pennar hieß. Willaschek fiel aus allen Wolken – nicht weil sie geheiratet hatte, denn bei dieser Frau wunderte ihn schon lange gar nichts mehr, sondern weil sie den in seinen Augen widerlichsten Arsch Berlins erkoren hatte. Sigurd Pennar, ein fanatischer Adventist und äußerst penetranter Missionarstyp, der ständig Recht haben wollte, war zudem extrem hässlich. Er erinnerte mit seinem Getue an den geschniegelten Gustav Gans, den unsympathischen Antipoden zu seinem geliebten Donald Duck. Pennar war einer, der sich im Dritten Reich garantiert in die führende Liga hochgedient und sich auf Kosten anderer Menschen ausgetobt hätte! War die Frau denn von allen guten Geistern verlassen? Kurz darauf, schon vor Ende des Jahres 1968 bekam RO Willaschek dann durch Dritte mit, dass die Ehe der Pennars abrupt beendet worden sei und Britta vom Adventismus zum Kommunismus konvertiert sei.

Seminar Marienhöhe

Das Gefühl fehlenden Grundwissens, fehlender Bildung kennt vielleicht nur, wem der Selbstbewusstsein schaffende Rahmen einer bürgerlichen Kindheit fehlt. RO grübelte immerzu über Möglichkeiten nach, seine Kenntnisse zu erweitern. Einiges von dem, was er las, verstand er immer noch nicht, und das ließ ihn oft verzweifeln. Sein höchst naiver Traum war die Universität, und er glaubte damals noch ernsthaft, diese würde auf all die Fragen, die ihn bedrängten, die nötigen Antworten liefern. Er fand eine Lösung, die verlockend war und auch seinen religiösen Neigungen entsprach: Die adventistische Kirche unterhielt ein großes Bildungsinstitut in Darmstadt. Das Seminar Marienhöhe war Gymnasium nicht nur für örtliche Schüler, sondern auch für externe, und darüberhinaus Ausbildungsstätte für den Pastorenberuf. Spätberufene wie RO Willaschek konnten an der Schule, die auch bei Nichtadventisten einen hervorragenden Ruf genoss, die mittlere Reife und das Abitur nachholen und gleichzeitig theologische Fächer belegen. Das Schulgeld konnten die Internatsschüler durch den sonntäglichen Verkauf erbaulicher Literatur aus dem hauseigenen Verlag verdienen. RO schrieb sich kurz entschlossen ein.

Es sollte ein kurzes, nur dreimonatiges Gastspiel werden, denn auf der Marienhöhe wurde man gegängelt wie ein Zwölfjähriger und einem Verhaltenskodex unterworfen, dessen Bigotterie jeglicher Beschreibung spottete. Die Scheinheiligkeit der autoritären Leitung widerte Willaschek sofort an. Im Gegensatz dazu war die Lehrerschaft in der Mehrzahl sehr sympathisch und konnte fundiertes Wissen in kürzester Zeit anschaulich vermitteln. Willaschek lernte gern und eifrig. Er nutzte die nicht wenige freie Zeit zum Klavierspiel auf einem fantastischen Bösendorfer-Flügel und zum Flirten mit den vielen Frauen auf der Schule. Unter ihnen war die bildschöne Olga Overkamp, die er von früher kannte. Außerdem waren da noch die herrlich befreienden, verbotenen nächtlichen Streifzüge mit Gleichgesinnten, für die eine hohe Mauer kein unüberwindbares Hindernis darstellte. In der kurzen Zeit seines Aufenthaltes wurde ihm ein Verhältnis mit der noch jungen Deutschlehrerin unterstellt, die noch lange danach Repressalien ausgesetzt war und fast ihren Job verlor. Dabei verstanden sie sich nur sehr gut und trafen sich des Öfteren, um über Literatur und Religion zu diskutieren. Schließlich wurde er mit einer kanadischen Mitschülerin, der pummeligen Ann aus den Wäldern des Saskatchewan, bei einem Schäferstündchen erwischt. Ann wollte unbedingt von ihm entjungfert werden und der im Gebot der Nächstenliebe bewanderte Schüler wollte ihr gern behilflich sein. Inmitten einer fern gelegenen Waldschonung und bei herrlichstem Sonnenschein ging diese Hilfsaktion schließlich vonstatten und die zwei wähnten sich, so weit weg von der Schule, mutterseelenallein. Doch dem war nicht so. Bruder Strala, der Schuldirektor, liebte ausgiebige Wanderungen durch die Wälder und wurde unfreiwillig Zeuge der wundersamen Frauwerdung. Der ertappte Lustmolch durfte nach einer ernsten Auseinandersetzung mit dem Schulleiter die Koffer packen. Die lebenslustige Ann aus dem Saskatchewan sollte ebenfalls der Schule verwiesen werden, was für sie einer Katastrophe gleich gekommen wäre. Es kostete RO – auch noch, als er längst wieder in Köln war – viel Mühe, den Schuldirektor von der Unschuld des armen Mädchens zu überzeugen und sich selbst als bösartigen Verführer darzustellen. Er hatte schließlich Erfolg und das kanadische Unschuldslamm durfte bleiben.

Die nur drei Monate erbrachten für Willaschek wichtige Erkenntnisse. Unter anderem, dass er sich nirgendwo dort einfügen kann, wo man ihm die freie Atemluft verwehrt, aber vor allen Dingen auch, dass selbst die beste Kirche nichts taugt. Willascheks Verhältnis zur adventistischen Freikirche war immer kritisch, sollte sich aber nach seinem Marienhöhe-Abenteuer fast zur Unvereinbarkeit steigern. Lange noch besuchte er sporadisch die Kirche, bis er es gänzlich aufgab. Er passte offensichtlich in keine Kirche, keinen Verein, keine Partei. Seine Unfähigkeit, sich einer reglementierten Denk- und Verhaltensweise einzugliedern, stand massiv im Widerspruch zu seinem Wunsch, irgendwo eine geistige und auch geistliche Heimat zu finden. Bis heute empfindet er eine wehmütige Sympathie für Menschen, die glauben, »ihren Gott« gefunden zu haben und sich in einer Gemeinschaft zu Hause fühlen können.

Trotz seiner Abnabelung pflegt er weiterhin Kontakte zu einigen Adventisten aus seiner Jugendzeit. So zu dem Autor und adventistischen Pastor Josef Butscher, der nicht nur ein exzellenter Theologe ist, sondern auch ein ebenso großartiger Seelsorger, der ebenso gut zuhören wie leidenschaftlich und auf hohem Niveau über etwas diskutieren konnte – ohne einen Funken Bosartigkeit oder auch nur Aggressivität. Er fand beispielhaft jedes Mal die richtigen Worte in Situationen, die RO ausweglos erschienen. Zudem verband beide die Liebe zur Dichtung, obwohl sie sehr unterschiedliche Richtungen favorisierten. RO beneidete seinen elf Jahre älteren Freund um dessen Verhältnis zu dem schon so frühzeitig gefundenen Gott – etwas, was RO nie gelingen sollte.

Honda N 600, Ross-Verlag und Sounds

Zurück aus Darmstadt, kaufte er sich erstmals ein neues Auto, mit dem er schon länger liebäugelte: den Honda 600, die japanische Antwort auf Englands Mini-Cooper. Diese knallrote, klappernde »Spartanerkiste« war schnell wie eine Rakete und er liebte sie. Vielleicht mochte er den Winzling auch so, weil er ebenso fehlerhaft war wie er selbst. Das Verhältnis sollte fast 140 000 Kilometer währen, bevor die dem Leser wohlbekannte Britta aus Berlin den Kleinwagen übernahm und fuhr, bis er endgültig den Geist aufgab.

Nach dem Reinfall in Darmstadt begab er sich gleich wieder auf Jobsuche; wieder sprach er bei Ludwig Fein vor. Der hatte gerade erst jemanden für die Reprophotographie eingestellt, versprach Willaschek aber, ihn bei Bedarf sofort anzurufen, denn er wollte den »verrückten Kerl« unbedingt wieder in seiner »Familie« haben.

RO Willaschek fand rasch Anstellung in einem Kölner Verlag, der eine große Druckerei mit integrierter Chemigraphie in Opladen besaß. Die Arbeit im Ross-Verlag war extrem langweilig und bestand aus der Produktion zweier Friseurfachzeitungen und der *Chic* – einer dicken Schickimicki-Monatszeitschrift, die eine Welt bediente, die ihm absolut auf die Nerven ging. Die Arbeitskollegen waren dennoch interessant. Es wurden untereinander permanent Späße gemacht. Jensen, Lunze, Rymus und Willaschek verband schnell eine lang anhaltende Freundschaft. Hartmuth Lunze, ein erklärter Hippie, hatte die längsten Haare von allen und war ständig vollgekifft. Mittags kochten die Burschen sich diverse Suppen inklusive ordentlicher Mengen feinstem Gras als köstlichem »Geschmacksverstärker«. Als Dr. Ross, Chef des Ganzen, sich einmal zufällig während der Mittagszeit in der Chemigraphie aufhielt, stieg ihm der Duft frisch gekochter Spezialsuppe in die Nase und er bat, mitessen zu dürfen. Er haute ordentlich rein und war begeistert von dem meisterlichen Umgang mit exotischen Gewürzen. Die Belegschaft erlebte anschließend einen ungewöhnlich leutseligen Chef, der noch oft zum »Suppefassen« seine unersetzlichen Spinner in der Klischeeabteilung aufsuchen sollte.

Um der Langweile ein Schnippchen zu schlagen, konnte RO es nicht lassen, in eine Landschafts-Illustration für die luxuriös ausgestattete *Chic* graphisch hineinzuarbeiten. Der lithographische Film zeigte die untergehende Sonne hinter Bergen. Er verzierte die Sonne mit Knollennase, Glupschaugen und Grinsemund, um seine Kollegen zu unterhalten, vergaß es aber schnell. Der Film wurde auf Zinkplatten kopiert, diese dann mit Salpetersäure geätzt, vom Graveur bearbeitet, zur Kontrolle angedruckt und schließlich mit all den anderen Druckstöcken in zigtausendfacher Auflage auf edelstem Papier gedruckt. Keiner der vielen Menschen, die an den Arbeitsprozessen beteiligt waren und das Bild vor Augen hatten, nahm den Ulk wahr. Als man ihn doch noch bemerkte, war das Schickimickiblatt bereits ausgeliefert und lag im ganzen deutschsprachigen Raum zum Verkauf überall aus. Der kleinwüchsige alte Dr. Ross sprang wie Rumpelstilzchen hysterisch keifend durch seine Druckerei. »Das ist ein graphischer Skandal!«, schrie er wieder und wieder. Da nützte auch die Einladung zu einer ganz besonders exotisch gewürzten Gemüsesuppe nichts mehr. Willaschek beichtete. Doch oh Wunder! – der Vorfall blieb ohne Konsequenzen für ihn und war schnell vergessen. Ein Hoch auf den Rheinländer!

Genau zu diesem Zeitpunkt, Anfang 1970, rief Ludwig Fein an, Willaschek könne sofort in seiner Firma anfangen, und ob er einen Klischeeätzer kennen würde, der ebenfalls wechseln wollte. Das war die Rettung vor der alltäglichen Langeweile. Klischeeätzer Detlev Rymus und Repro-Photograph RO Willaschek wechselten umgehend zur Firma

Fein am Thürmchenswall in Köln und waren heilfroh über spannendere Tätigkeit und kürzeren Anfahrtweg.

Hartmuth Lunze, der im Ross-Verlag verbliebene Kumpel und Repro-Photograph, nahm RO Mitte 1970 mit in die Redaktion der *Sounds*. Sounds war eine Underground-Musikzeitschrift für echte Szene-Freaks, jenseits des hippiesken Mainstream angesiedelt. Die Redaktion befand sich am Ubierring in Köln. Lunze machte Willaschek mit dem Herausgeber der Zeitung, Rainer Blome, bekannt, und RO erhielt umgehend das Angebot, nebenbei für das Blatt zu arbeiten. Er zeichnete poppige Headlines, Karikaturen und Illustrationen und schleppte dafür massenhaft Langspielplatten ab, die zu Tausenden in den Regalen standen. Die internationalen Plattenlabels überschütteten die Redaktion der Musikzeitung regelrecht mit ihrer Rezensionsware, und so konnte der stets klamme Blome damit die freien Mitarbeiter entlohnen. Sounds wurde zwei Jahre später verkauft und entwickelte sich zu einer *Bravo* für Freunde der Rockmusik. 1970 aber war die Sounds in erster Linie eine Underground-Zeitung, die auf das gewohnt Biedere in der Pop-Musik »schiss«. In ihrer Redaktion herrschte die reine Anarchie, ständig eingehüllt durch einen süß duftenden London-Nebel vom feinsten. RO Willaschek befand sich scheinbar unter Gleichgesinnten und genoss eine Musik, die man nirgendwo sonst zu hören bekam. Zum Beispiel die des unvergleichlichen Captain Beefheart, der, wie es schien, die surrealistische Methode in Töne umsetzte. Auch Frank Zappa gehörte dazu und die Musik der ersten seltsam reduziert vorgehenden Elektronikfreaks wie *Silver Apple* aus New York; Musik, die von keinem deutschen Sender ausgestrahlt wurde und von der nur sehr wenige Leute damals wussten – und heute noch nicht wissen.

Als RO zum ersten Mal in der Redaktion »den Captain« hörte, dachte er, sein Gehirn hätte die Schädeldecke gesprengt und wäre auf Reisen gegangen. Er verstand von dem, was Beefheart röhrte, quietschte und rausquetschte zu den stampfenden, schrägen Tönen, die seine Magic-Band produzierte, zwar kein Wort. Aber das war nicht nötig, denn diese Stimme war allein schon ein Konzert für sich. Captain Beefheart ist auch heute noch für RO ein einziger polyphoner Trip in Morpheus' Unterwelt!

Unvergessen bleibt für ihn auch das legendäre Konzert der *Pretty Things* in der Tiefgarage der »Schweizer Ladenstadt« Kölns, das er als Sounds-Mitarbeiter mitorganisierte. Es war eine akustische Hölle! 2009 – also fast 40 Jahre später – sollte RO die alt gewordenen Herren noch mal in Bonn erleben dürfen. Sie waren zwar weißhaarig – aber immer noch prächtig wild und verdammt gut.

Bei *Sounds* lernte RO Willaschek Henryk M. Broder und Reinhard Henning kennen, die nebenbei für die Zeitung arbeiteten. Henning suchte eine Bleibe und zog für ein Jahr zu Willaschek in die Klettenberger Wohnung, wo er neben der Logis auch die lukullische Kost Otti Willaschecks genießen durfte.

Sommer 1971 machten die beiden einen dreiwöchigen Trip in die Tiroler Berge. In dieser Zeit hörten sie pausenlos aus einem Kassettenrekorder *Yeti* von *Amon Düül II* – die ultimativen Sphärenklänge zu der mystisch auf sie wirkenden Bergwelt, die sie erwanderten. Sie wohnten bei knorrigen Bergbauern, die ihren kleinen Hof am Hang des *Wilden Kaiser* in der Nähe von Elmau hatten. Henning dichtete ständig, während RO am *Torso mit Gitarrenhals* zeichnete, einer sehr erfolgreichen Arbeit, die im *Spiegel*, in der DGB-Jugendzeitung *ran* und später als hundertfacher Raubdruck in Plakatform auf dem ersten Neumarkt der Künste in Köln auftauchte. Von Autorenrechten hielt man damals in der linken Szene wenig bis gar nichts.

Sie besuchten Schloss Ambras bei Innsbruck mit der unfassbaren, oft erschreckenden Kuriositätensammlung. RO zeigte Henning ein kleines Gemälde in der monströsen

Bildergalerie, das er vor Jahren dort entdeckt hatte: Das einzige authentische Porträt von Vlad Tepes – genannt Dracula, dem Pfähler, aus der rumänischen Walachei des 15. Jahrhunderts und Vorlage für Bram Stokers Schauerroman. Außerdem wimmelte es von Totenmännchen in allen Größen und morbiden Darstellungen wie der eines Ritters, dem man bei einem Turnier eine Lanze durchs Auge gestoßen hatte, die den ganzen Schädel durchbohrte und hinten herausschaute. Der Arme soll laut Aussage der Museumsführerin noch drei Tage gelebt haben, was für ein schnelles Gemälde ausreichte. Ferner gab es unzählige abartig gestaltete Freaks zu bestaunen, an denen die merkwürdigen Schlossbesitzer damals wohl ihre helle Freude gehabt haben mussten. Die zwei Besucher aus Köln hatten die jedenfalls in hohem Maße, – denn alles, was ungewöhnlich, abartig und bizarr war, faszinierte sie.

Mit Reinhard Henning, Dichter und später auch Maler, teilte RO die damals in der Szene unübliche Skepsis Drogen gegenüber. Sie hatten beide selbst genug »geübt« und zuviel an menschlichem Niedergang durch Drogen in der unmittelbaren Umgebung miterleben müssen. Die Lethargie der ständig zugedröhnten Umgebung, einhergehend mit krass abnehmender Kritikfähigkeit, die schließlich auch zu völliger Entpolitisierung führte, widerte die zwei an. Ihre schlimmsten Befürchtungen sollten sich bewahrheiten, denn die vollmundig propagierte »Revolte« endete in einem Zeitalter geistiger Masturbation, sozialer Unfähigkeit und narzisstischer Lust am eigenen Ich.

Zu dieser Zeit hatte er ein seltsames, aber in der Erinnerung wunderbares Verhältnis mit einer Olga Overkamp. Dieses sanfte Geschöpf mit den blauschwarzen Haaren, die ihr bis weit über die Hüfte reichten und den unglaublich großen Rehaugen war eine »Traumfrau«. Sie entstammte einer Zigeunersippe aus der Nähe Düsseldorfs und war enorm gebildet, liebte die Kunst und noch mehr die Literatur. Willaschek hatte mit ihr schon mal als Siebzehnjähriger ein kurzes »Techtelmechtel« gehabt und sah sie auf der Marienhöhe als erwachsene Frau wieder. Es entstand schnell eine ernste Liebesbeziehung und die zwei besuchten sich gegenseitig, so oft es ging. Sie lasen sich gegenseitig Gedichte von Celan, Rose Ausländer, Alexander Blok und Karl Krolow vor und konnten stundenlang darüber sprechen. Olga konnte Saint-Exupérys *Le petit prince* komplett auswendig auf Französisch rezitieren. RO wollte es immer wieder hören, denn er liebte den Klang der französischen Sprache, die für ihn Musik war. Sie tat es gern in ihrer unvergleichlich liebreizenden Art und verzauberte ihn regelrecht. Jeder einigermaßen gescheite Mann hätte zugegriffen, um diese Frau nie mehr loszulassen – anders RO Willaschek. Er ahnte eine radikale Weichenstellung in der nahen Zukunft. Sich aber festlegen für den Rest des Lebens, das war ihm viel zu früh. Außerdem steckte noch zu viel von einer kleinen Berlinerin in seinem Schädel. Nicht zuletzt genoss er seine geliebte Freiheit und wollte noch viel davon erleben. Panik überkam ihn. So beendete er das Verhältnis mit der sanftmütigen Schönheit abrupt und sollte sich noch lange danach dafür wie ein Schwein vorkommen. Nie wieder sah oder hörte er etwas von Olga Overkamp.

Um sich abzulenken, besuchte Willaschek für paar Tage Britta Zagel, jetzt geschiedene Pennar, in Berlin, die immer noch unauslöschlich in der hintersten Kammer seines Gehirns rumorte. Es wurden merkwürdige Tage. Ihr physischer Austausch war deprimierend für ihn. Es kam ihm vor, als wollte sie, die Angebetete, lediglich der Vorstellung von sexueller Freiheit, die zur sogenannten Aufgeklärtheit der revoltierenden Jugend unbedingt dazugehörte, entsprechen wollen. Seltsam befreit und etwas zu schnell fuhr er danach mit seiner roten Kiste zurück nach Köln – und fühlte sich dabei wie auf einer gelingenden Flucht.

Monate später brachte Mitbewohner Reinhard Henning ebenfalls eine rassige Schönheit mit in die Petersbergstraße, um sie »anzubaggern«. Und wieder war es um den testosterongesteuerten Willaschek geschehen. Die Frau war nicht nur eigentümlich schön, klug und sehr frei in ihrer Denkart, sie besaß darüber hinaus auch eine reifere Sicht der Dinge, wie sie RO an Frauen seines Alters bis dato *so* noch nicht erlebt hatte. Statt Henning »baggerte« nun RO und war schnell erfolgreich. Wenn es um Frauen ging, kannte RO selten ein Pardon, was die Freundschaft zu Reinhard Henning nicht unwesentlich belastete.

Die dunkelhaarige Renate Meyer, ein kölsches Urgestein, war ein Jahr älter als RO und Mutter eines zweijährigen schwarzen »Erzengelchens«, das ihr ein Afro-Amerikaner als Abschiedsgeschenk hinterlassen hatte. Es dauerte nur eine durchdiskutierte Nacht und sie sollten danach zwei mehr oder weniger lustige Jahre zusammenleben. Beide wussten aber von Beginn an, dass diese zwanglose Beziehung nicht für die Ewigkeit war. Das ließ schließlich auch nach der Trennung eine unbelastete Freundschaft zu, die bis auf den heutigen Tag anhält.

Renate Meyer arbeitete damals in der Redaktion der *Welt der Arbeit*, der damals wenig gelesenen, aber im Bundestag vielzitierten Wochenzeitung des DGB, des Deutschen Gewerkschaftsbundes. Sie stellte für RO die Verbindung her, und er machte über Jahre Illustrationen und Karikaturen für Gewerkschaftszeitungen, obwohl er dem »Verein« infolge seiner Berliner Erfahrung nicht viel abgewinnen konnte.

Die Jahre in der Chemigraphischen Kunstanstalt Ludwig Fein gestalteten sich spannend, denn er lernte durch sie interessante Menschen kennen. Unter seinen Arbeitskollegen waren der später mit *Roxy 1 & 2* zur Szene-Legende werdende Horst Leichenich (in Köln), der mittlerweile verstorbene Peter Gilles, der RO als Lehrling »an der Backe klebte« und Jahre danach ein relativ erfolgreicher Künstler werden sollte, Fritz Thiel, ebenfalls späterer Künstler, und schließlich Detlev Rymus, der begann, die Kunst für sich zu entdecken. Dieser mehr lustige denn illustre Haufen verstand sich sehr gut untereinander und man traf sich oft nach Feierabend und an Wochenenden, um zu palavern, Kunst zu besprechen und wilden Phantasien nachzuhängen.

Jürgen Klauke

Das Leben war für RO ein ständiges Würfelspiel. Mal war er der Spieler, mal der Würfel. Die Kunst war aber endlich zu einer Notwendigkeit geworden, wie das Malochen fürs Geld, das man zum Leben benötigt. Aber es fehlte ihm etwas, ohne dass er direkt hätte bestimmen können, was. Alles floss durch ihn durch oder an ihm vorbei. Er stand für eine gefühlt lange Zeit rat- und initiativlos neben sich, bestaunte sein Leben und wunderte sich oftmals nur, was für eine Spannweite sie hatte, was für Aktions- und Erlebnismöglichkeiten sie bot, diese Welt.

Diese Zeitspannen bloßer Hamsterrad-Rastlosigkeit ohne wirklich substanzielle Vorkommnisse sollten mit dem Auftreten einer Person in sein noch relativ junges Leben vorläufig ein Ende finden: Jürgen Klauke.

Klauke betrat eines Tages als Kunde die Klischeeanstalt Fein. Willaschek war fasziniert von der blau beledert auftretenden, mit Silberschmuck überladenden, langhaarigen Erscheinung, die aus dem Jenseits zu kommen schien. Die »wandelnde Performance« in hochhackigen Stiefeln war äußerlich fast ein Pendant von RO; der lief zwar nur in Schwarz herum, war aber ebenso mit Silber behangen und gestiefelt. Sie verstanden sich vom ersten Moment an. Nur war Jürgen Klauke schon damals ein regional bekannter Künstler, der, von Groupies umlagert, sich anschickte, die Welt zu erobern, während der jüngere RO in der Kunst ein unbekannter und merkwürdig verschüchtert auftretender Neuling war. Außerdem war Klauke, im Gegensatz zu Willaschek, ungeheuer fleißig und ehrgeizig und besaß ein durch nichts zu erschütterndes Ego. Klauke ließ sich auch in keiner Weise von außen irritieren, sodass er auch die Gefahr, sich zu verzetteln oder von seinem Weg abbringen zu lassen, nicht einmal ansatzweise zuließ. Er besaß über den Ehrgeiz hinaus die nötige Intelligenz, die ein Künstler heutzutage unbedingt haben sollte, um es in die erste Liga zu schaffen. Diese Klugheit verhinderte auch einen unwiderruflichen Absturz, wie er in der damaligen Kunst- und Drogenszene Kölns an der Tagesordnung war. Hinzu kam bei ihm eine meisterhafte Diplomatie im Umgang mit Galeristen und der »Kunstmafia«. Klauke bewältigte den Balanceakt zwischen Selbstachtung und Entgegenkommen. Für diesen »Seiltanz« war Willaschek völlig unbegabt. Er hasste Fatzkes von Galeristen, die die Künstler wie Schoßhündchen um sich scharten und in ihnen oftmals nur hauseigene Lakaien sahen. Er hasste sie, weil sie sich wichtiger dünkten als die eigentlichen Macher, von denen sie profitierten.

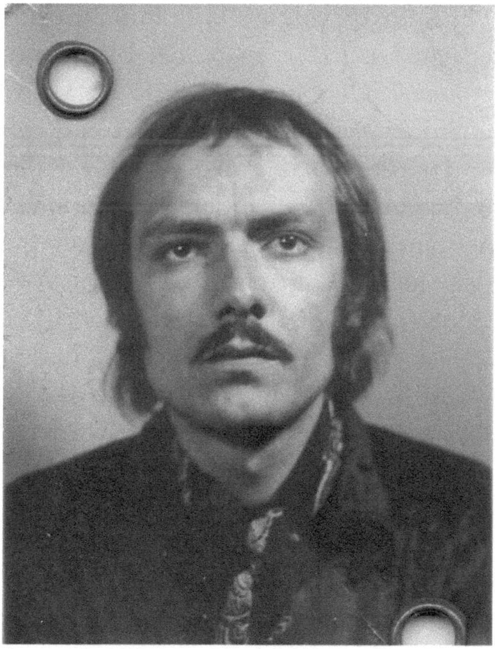

Foto aus dem Studentenausweis der Kölner Fachhochschule für Kunst und Design 1972

Als Klauke die Begabung des jungen Reproduktions-Photographen entdeckte, bedrängte er ihn, er müsse unbedingt Kunst studieren. Jürgen Klauke selbst war damals noch Dozent an der Kölner Fachhochschule für Kunst und Design, zuständig für die Klassen der freien Graphik und riet RO, sich in seinem Fachbereich einzuschreiben. Zugangsvoraussetzung sei die allgemeine Hochschulreife. Allerdings bestünde bei fehlendem Abitur die Möglichkeit, durch eine Sonderbegabten-Prüfung die Zulassung zur Immatrikulation an der Fachhochschule zu erhalten.

RO meldete sich sogleich zur Prüfung an. Da war sie doch, die Lösung all seiner Probleme, dachte er. Und wirklich bestand er die Prüfung mit Bravour und konnte sich 1972 an der legendären Fachhochschule, der ehemaligen Werkschule, immatrikulieren.

Für ROs Eltern brach eine Welt zusammen. Er musste sich ständig anhören, dass man sich laut protestantischer Auffassung kein Bildnis machen dürfe … Mit Kunst könne man außerdem kein Geld verdienen und gehe schließlich vor die Hunde. Schaute man sich die Kölner Künstlerszene an, hatten sie da eigentlich nicht einmal Unrecht.

Willaschek bezog eine neue große Wohnung in der kurzen, aber legendären Gilbachstraße, in der viele Künstler wohnten. Unter ihnen der bekannte Bildhauer Heinrich Brummack, der exotische Michael Buthe und viele mehr, die wie zufällig in der kleinen Straße im Kölner Norden gelandet waren. RO teilte sich mit Fritz Thiel, der ebenfalls von der Firma Fein zur Kunstschule wechselte, Wohnung und Atelier. Die Miete betrug 500 DM, geheizt wurde mit Holz und Kohle. Man bekam um die 500 DM BAföG, eine Art Stipendium, das nach dem Studium zurückgezahlt werden musste. Das Verbleibende war zum Leben zu wenig und zum Sterben zu viel. Also musste man sehen, woher der Rest kam. RO fertigte über die Jahre Karikaturen für Zeitungen an, was er zwar hasste, was aber gut bezahlt wurde. Zusätzlich arbeitete er als »Springer« für verschiedene Klischee- und Lithoanstalten, wenn sich dort personelle Engpässe einstellten. So kam er einigermaßen klar.

Acht Semester lang genoss RO Willaschek das ungebundenes Leben in einer Freiheit, die so ungewohnt war, dass er damit im Grunde kaum richtig umzugehen wusste, auch wenn er sie, so lange er denken konnte, herbeigesehnt hatte. Er war plötzlich allein verantwortlich für seine Zeit und das überforderte ihn, wie die meisten, die er an der Schule in vergleichbarer Situation kennengelernt hatte.

Die Fachhochschule für Kunst und Design war keine Schule mit Stundenplan, Anwesenheitsliste und Aufgabenstellungen, denen man entsprechen musste, um zu einem Abschluss zu gelangen. So rühmte sich die spätere Ehefrau Willaschecks, die ebenfalls Freie Kunst an der Fachhochschule studierte, damit, dass sie in den vier Jahren Studienzeit nur drei Mal für einen Tag die Schule aufgesucht hatte. Den Abschluss mit der Note »befriedigend« machte sie dennoch. Ob man anwesend war oder nicht, spielte in der damaligen Zeit an der Schule kaum eine Rolle, und nur wenige Studenten sah man an den Arbeitsplätzen. Meist saßen sie im Café gegenüber oder lungerten in der Mensa herum, permanent palavernd und sich stilgerecht produzierend.

Auch RO begriff diese »geschenkte Zeit« nicht im Ansatz als eine einmalige Gelegenheit, sich den »Künstler« zu erarbeiten und sich hernach als solcher zu etablieren. Das begriffen aber die allerwenigsten an der Schule, und so »vergammelte« das Gros der Studentenschaft die kostbare Zeit.

Gute Ratschläge seitens der selten anwesenden Professoren, Dozenten oder älteren Schüler fehlten gänzlich. Man war völlig auf sich allein gestellt. ROs Professor in den ersten Semestern war der unsägliche Alfred Will und beide sollten sich bezeichnenderweise nie begegnen.

Das einzige, was man in den vier Jahren sogenannten Studiums fürs spätere Künstlerleben lernen konnte, das war die eifersüchtige Rivalität untereinander. Es galt, den Nächsten möglichst tief zu verunsichern – oder am besten gleich wirkungsvoll zu vernichten. Es schien den höheren Semestern höllischen Spaß zu machen, Neuankömmlingen mit blasierter Arroganz zu begegnen und sie, wenn »man« sich denn dazu überhaupt herabließ, in der Diskussion gekonnt klein zu machen. Zynismus war die Waffe im Umgang mit-, nein, gegeneinander, Egozentrik das Allheilmittel gegen die erlittenen Verwundungen. Willaschek begriff das alles zwar nicht, erlag aber auch nie den so verlockenden Versuchungen, sich auf Kosten anderer wichtig zu machen – auch später nicht, als er selber zu den älteren Semestern zählte und bereits einen gewissen Nimbus besaß.

Willaschek hatte mit der Einsamkeit *an sich* selten Probleme. In der Gilbachstraße war ein stetiges Kommen und Gehen. Außerhalb traf man sich in Galerien und Museen – meist aber in Szene-Kneipen wie dem *Plenum* und später dann im *Roxy*. Um die Szene anschaulich zu machen, sei an dieser Stelle ein Auszug aus der Kurzgeschichte *Kölner Nachtflug* zitiert:

> Wir erlebten so einiges im *Plenum*, jener damals angesagten Szene-Kneipe auf der Venloer Straße, von der die kleinen Mädchen aus den geordneten Verhältnissen nur zu träumen wagten. Das Plenum war eine Art Tempel der Eitelkeiten, aber gleichzeitig auch ein Zuhause für uns. Hier trafen sich die jungen Kunstmacher aller Couleur, Klein-Gangster, Kunsthändler, Nutten und natürlich das obligatorische, aber höchst nervende »Fußvolk«, das sich entzückt nach Büroschluss an den Exoten erfreute, um dann, so aufgewertet, Gesprächsstoff am Arbeitsplatz zu haben. Es

wurde damals im Plenum gesoffen, was das Zeug hielt und sich mächtig aufgeplustert. Auch versuchten einige, oft vergebens gegen die dröhnende Musik, sich auszutauschen, und andere, nebenbei verbotene Dinge auf den desolaten Toiletten zu zelebrieren. Es war die Zeit der bizarren Transformer und schockierenden Performer mit der Botschaft radikaler Selbsterkundung und Selbstexperimente auf Teufel komm ’raus.

Ich erinnere mich gern an diese Zeit. Wir gaben uns unverwundbar und entzückend exotisch, tuntig, frei und wild, wenn auch, im Nachhinein gesehen, Vernunft und Intelligenz in unseren Köpfen meist durch Abwesenheit glänzten. Es war herrlich – aber so mancher musste dafür später hart bezahlen. Wir waren dem Wahnsinn oft näher als der nüchternen Realität.

Was dem jungen Kunstmacher RO immer wieder unangenehm aufstieß, war die scheinbar apolitische und charakterlose Haltung innerhalb der Szene, sobald es sich um Reputation und Finanzen handelte. Man arrangierte sich ungeniert mit Klerus, Politik und Kapital, wenn es etwas zu gewinnen gab und kroch jedem in den Arsch, der nach Kauf, Galerie oder Vermittlung roch. Es herrschte die Devise: »Wes Brot ich ess, des Lied ich sing«. Und man sang, nein, kreischte so ordentlich, dass einem die Ohren schmerzten.

Von AIDS wusste man in jenen Jahren noch nichts und trieb es wie toll unter-, mit- und durcheinander. Erst in den 1980er Jahren begann das HIV-Virus, die Szene allmählich auszuhöhlen. Es war jedes Mal ein Schock, wenn der nächste Weggefährte oder Freunde elend zugrunde ging. Wer überlebte, wie RO und sein engster Bekanntenkreis, hatte einfach nur Glück gehabt.

In der Kunstschule und in Jürgen Klaukes herrlich exotischem Atelier in der Elsassstraße erlernte Willaschek die hohe Kunst der Radierung, auch als Kupfertiefdruck bekannt. Was er bis dato mit Feder und Tusche in akribischer Schraffur aufs Papier gesetzt hatte, arbeitete er nun spiegelverkehrt und negativ mit einer Nadel in die Zinkplatte hinein, um sie hernach mithilfe einer Radierpresse in Handarbeit auf Büttenpapier zu vervielfältigen. Es war ein enormer Aufwand, bis der erste Druck einer nur geringen Auflage stand. Nur selten konnte man von einer Platte mehr als sechzig Blätter drucken, und man schaffte höchstens zwei gelungene Drucke in der Stunde – *wenn man sehr gut war*. Seit Albrecht Dürer hatte sich am Verfahren kaum etwas verändert und es machte RO Willaschek ungeheuren Spaß. Er sollte das Kupferstechen bis zum Ende seines Studiums der Freien Kunst mit Akribie betreiben. Auch wurden die edlen Drucke damals noch gern von Sammlern gekauft … bis eines weniger guten Tages *Stern*, *Spiegel* und das Fernsehen Berichte über das kriminelle Geschäft mit gefälschten Druckgrafiken brachten: Radierungen wurden, berichteten sie, in ungeheuer großen Auflagen industriell hergestellt, wobei jede neue Farbnuancierung, die man während des Druckes steuern konnte, innerhalb der Massenproduktion als eigenständige Kleinauflage deklariert wurde, und so den Weg zu Sammlern fand, die einen annehmbaren Preis für gute Kunst zu zahlen glaubten. Die Druckgraphiken waren so wenig wert wie die Signaturen, die – so munkelte man – oftmals von Angestellten der Künstler oder Kunstverleger gefertigt wurden. Bekannt wurde auch, dass ein gewisser Salvador Dalí (oder ein Angestellter von ihm) abertausende Signaturen auf leerem Papier fertigte, auf die später fabrikmäßig gedruckt wurde – Pseudo-Radierungen, die der »Meister des Dollars« nie sah oder sehen wollte. Hauptsache, die Kasse stimmte. So gab es tausende Blätter von angeblich *einem* Druckstock, der im regulären Fall nach einer kleinen Auflage den Geist hätte aufgeben müssen. Die weniger seriösen Galeristen, Kunsthändler und sogar Kaufhäuser boten so angeblich echt signierte und nummerierte Arbeiten von Dali, Ernst Fuchs, Wunderlich, Antes und anderen bekannten Künstlern an und wurden reich mit industriell gefertigtem Massenschrott.

Das Echo auf diesen Skandal war für die ernsthaften Künstler, die sich abgerackert hatten an ihren Platten und an der Radierpresse, katastrophal. Mit einem Schlag gab es keinen Absatzmarkt mehr für seriöse Druckgraphik. Der Markt schien für alle Zeiten zerstört – dank der Raffgier weniger berühmter Künstler und ihrer kriminellen Entourage.

In der Fachhochschule für Kunst und Design wurde unter den Studenten der höheren Semester viel diskutiert, abgewogen, ausprobiert und verworfen. Die wenigsten dachten an ein Morgen, an das Ende der »glückseligen Zeit«. Erst kurz vor der Abschlussprüfung kam bei den meisten das jähe Erwachen. Manche erwogen, in die Werbung abzuwandern, andere in die Pädagogik. Nur wenige wollten den »knüppelharten« Weg als freier Künstler weitergehen und sollten, wenn sie es dann taten, in der überwiegenden Zahl Schiffbruch erleiden.

Wolfgang Niedecken hatte von allen Studenten die wohl beste Idee, was aber damals niemand ahnen konnte. Er verkündete eines Tages in der Mensa sein Vorhaben, Rock in Kölscher Mundart zu machen. Was haben die Ahnungslosen gespottet und sich über ihn amüsiert. Nicht lange darauf war Niedecken mit seiner Gruppe BAP einer der erfolgreichsten deutschen Rockmusiker aller Zeiten.

Fritz Thiel brachte gleich zu Beginn der Wohngemeinschaft in der Gilbachstraße eine unförmige, verschlampte Person weiblichen Geschlechts mit, die oft splitternackt herumlief, was RO nur anwiderte. Zudem war die Frau entsetzlich vorlaut und dumm, machte aber auf intellektuell und besetzte Thiel mit einem impertinenten Besitzanspruch. Es dauerte nicht lange, und Fritz Thiel verschwand mit der Person auf Nimmerwiedersehen.

Ohne Übergang zog ROs Vetter, Otmar Rath, in die zur Hälfte freigewordene Wohnung. Sie sollten miteinander vieles erleben, Kunst machen, Spaß ohne Ende haben und auch gepflegt faulenzen. Rath war von je her ROs Ersatzbruder und bei vielen »Abenteuern« sein Begleiter. Rath besaß alle Begabungen im Übermaß, die zu einem guten Dichter, Maler oder Musiker gehörten. Nur war er unsagbar träge – noch träger als sein um fünf Jahre älteren Vetter – und machte nichts aus seinen enormen Talenten. RO schleppte seinen Cousin, der Offsetdrucker gelernt hatte, aber diesen Beruf nie ausübte, zur Fachhochschule für Kunst und Design und bewegte ihn dazu, sich einzuschreiben.

Die zwei arbeiteten rein künstlerisch sporadisch, aber dann unglaublich effizient zusammen im gemeinsamen Atelier in der Gilbachstraße. Otmar bekam das Kürzel OH, passend zu RO, und zeichnete seltsam skurrile, ja, groteske Bilder, die an die Kunst der Schizophrenen, wie sie Friedrich Schröder Sonnenstern oder Adolf Wölfli machten, erinnerte und entwickelte so eine eigenständige Bildsprache. Darüber hinaus beschäftigte er sich mit Origami, der japanischen Papierfalttechnik, und entwickelte sie zu einer souveränen Kunstform. Es entstanden bunt bemalte Papierfrösche, die er, mit Text und Zeichnungen versehen, in großartige Bücher fasste. Sein größter Kunstfrosch maß über zwei Meter und sollte 1984 in Sankt Augustin bei Bonn einen handfesten Skandal auslösen.

Er verfasste wenige, aber außergewöhnlich originelle Gedichte und Texte, die eine Aufnahme in André Bretons berühmte *Anthologie des schwarzen Humors* verdient hätten. Zudem machten beide, OH & RO, merkwürdige Musik und nannten sich *Tzara II* – nach dem rumänischen DaDa-Cheftheoretiker Tristan Tzara. OH Rath bearbeitete das Schlagzeug und RO attackierte diverse Gitarren und ein Keyboard. Man besorgte sich ein mehrspurig arbeitendes Tonbandgerät und das Gespielte wurde konserviert. Vieles von dem, was sie damals als Tzara II fabrizierten, nahm die Musik des *New Wave* und des *Punk* vorweg und ist heute noch überraschend aktuell und hörbar. Aber die zwei Underdogs maßen diesem Treiben nicht viel Bedeutung bei. Sie wollten lediglich ihren Spaß. Und das richtige Equipment für eine Professionalisierung wäre eh nicht zu finanzieren gewesen.

OH Rath zeichnete sich durch einen intellektuellen und teilweise bizarren Humor aus, der den älteren Vetter, der eher zu Melancholie und Schwermut neigte, aufmunterte und jedes Mal zum Ablachen brachte. Zusammen streiften die zwei exotisch daherkommenden Hallodris mit Vorliebe durch Kölns Straßen und versuchten, diese unsicher zu machen – mit Erfolg. Nächtens langte man dann stets im Kölner Hauptbahnhof an, um in der Bahnhofsbuchhandlung das Neueste, wenn es sie denn interessierte, zu stibitzen, oder seltener auch zu kaufen. Otmar Rath war das, was man einen schönen Mann nennt, der sich zudem stets zu kleiden wusste und ein ganzes Stück größer war als sein untersetzter Vetter RO. Allerdings war er in Sachen Frauen extrem schüchtern oder auch nur desinteressiert – ganz im Gegensatz zu RO, der ohne Frauen nicht mehr auskam und dessen anfängliche Schüchternheit nur noch Legende war.

Immer wieder die Frauen

Im Herbst 1972 hatte Willaschek für Jürgen Klauke etwas in Berlin etwas zu erledigen. Er blieb dann für drei Tage bei Britta Pennar kleben. Sie lebte mittlerweile in einer Kommune, die ein zwar heruntergekommenes, aber romantisches Schlösschen an der Havelchaussee bewohnte. Sie schliefen mehrmals miteinander. Neun Monate darauf brachte sie einen Sohn zur Welt. Als Väter kamen mehrere Männer infrage, so auch Willaschek. Sie aber interessierte der Samenspender nicht, denn, wie sie sagte, es sei ausschließlich ihre Entscheidung gewesen, auf Verhütung oder Abtreibung zu verzichten und ein Kind zu bekommen. So zog sie ihren Boris allein groß.

Willaschek besuchte während dieser bewussten Tage in Berlin für einen halben Tag und einen langen Abend auch Maria Bijou, jene Schönheit, die ihn fünf Jahre zuvor entjungfert hatte. Er wusste damals nicht und weiß auch heute nicht, was ihn da juckte, diese Frau, die er damals so sehr enttäuscht hatte, aufzusuchen, – aber es wurde ein erotisches Fest mit ihr. Sie bekamen nicht genug von einander. Allerdings kam RO nicht gegen die inzwischen ärgerlichen Gefühle an, die er für die andere Frau hegte. Zwei Stunden später lag er wenige Kilometer entfernt auch prompt mit Britta im Bett, die er tatsächlich liebte, die ihn aber langsam wahnsinnig machte!

Maria Bijou sah Willaschek nie wieder und Britta Pennar sollte den Weg mit RO Willaschek nur noch zweimal innerhalb eines Vierteljahrhunderts kreuzen; beide Male in Begleitung ihres letzten, um sechzehn Jahren älteren Mannes, eines sympathischen Therapeuten. Doch exakt fünfzig Jahre nach der ersten Begegnung in Mühlenrahmede mailte Britta ihm die Frage, ob man wieder Kontakt aufnehmen könne. Willaschek fiel aus allen Wolken und schrieb stante pede zurück, dass er äußerst glücklich und zufrieden sei mit der neuen und wunderbaren Frau an seiner Seite und er nun endlich zur Ruhe gekommen sei. Mit »Geistern« aus der Vergangenheit wolle er nichts mehr zu tun haben. Das war ziemlich hart und vielleicht auch ungerecht – zumindest aber unmissverständlich. Danach war Funkstille.

Ich wider Gegen-Ich

OH Rath und RO Willaschek besuchten mal wieder das heiß geliebte *Plenum*, statt fleißig Kunst zu machen. Die Szene-Kneipe befand sich praktischerweise nur zwei kurze Straßen weiter. Im bunten Treiben entdeckte RO sogleich eine von Männern umlagerte Schönheit mit kurzem, aschblondem Haar, die dem *Playboy* entsprungen zu sein schien: Langbeinig, mit atemberaubender Figur, in engen, gewagten Klamotten, die wenig versteckten, genoss sie die bewundernden Blicke und plauderte gerade mit Jürgen Klauke und seinem überwiegend weiblichen Gefolge, als sie hereinkamen. RO gesellte sich dazu und fragte die Langbeinige unverblümt, ob sie mit zu ihm kommen wolle und verließ mit ihr augenblicklich die Kneipe. Zurück blieb eine verdutzt dreinschauende, ratlose Gesellschaft.

Die zwei landeten sogleich im Bett und sollten über drei Jahre ein gut funktionierendes Paar sein. Katwin Kantoni war – entgegen des Eindrucks, den sie bei oberflächlicher Betrachtung erwecken mochte – das, was man »eine treue Seele« nennt. Sie bemutterte den ständig »klammen« Willaschek und sorgte für eine gewisse Ordnung in seinem bisher chaotischen Leben. Sie lebte in Ehrenfeld, unweit der Gilbachstraße, und sie sollten sich täglich sehen, sich lieben und viel miteinander erleben. Besonders angenehm waren die unvergesslichen Reisen nach Paris, Rumänien, Südfrankreich, die Normandie und in die verschneiten Berge des Zillertals, wo RO das Skilaufen lernen musste. Katwin Kantoni begleitete ROs künstlerischen Werdegang aufmerksam und klug. Nur kam sie schlecht mit ROs zeitweiligem Phlegma klar und versuchte erfolglos, ihm so etwas wie Ehrgeiz zu vermitteln. Da flogen dann schon einmal die Fetzen, denn Kantoni besaß ein ungeheures Temperament.

Die Bildsprache

Während des Studiums experimentierte Willaschek ständig mit verschiedenen Ausdrucksformen, um endlich zu einer eigenen, unverwechselbaren Bildsprache zu gelangen. Das gestaltete sich äußerst schwierig, denn ihm gelangen alle Stile gut – jedenfalls bildete er sich das ein. Selbst wenn er glaubte, die ultimative Diktion für sich gefunden zu haben, dauerte es nicht lange, bis er sie verwarf. Zu seiner Unstetigkeit kam der zu hohe Anspruch an sich. Fast alles, was er machte, erschien ihm im Nachhinein zu aufgesetzt, zu manieriert, zu sehr einer formalästhetischen Gesetzlichkeit folgend oder schlicht zu banal. Willascheks Begabung für so vieles sollte lebensbegleitend das größte Hindernis sein, sich selbst zu finden und unverwechselbare Produkte für einen Kunstmarkt zu produzieren. So blieb er damals – was einer Sensation gleichkam – zumindest zwei Jahre lang bei einem der entwickelten Stile. Er malte, zeichnete, radierte und formte mit schnellem Gestus fette Männchen in leicht abstrahierter Manier. Die Resonanz war allgemein positiv; eines der Bilder wurde sogar in der damals elitären Literaturzeitschrift *die horen* abgedruckt.

Aber nach zwei Jahren »Michelin-Männchen« wurde es langweilig und RO wähnte sich in einer Sackgasse. Wieder begann die Suche, obwohl er nur zu gut wusste: Wäre er bei seinen fetten Monstern geblieben, hätte er sich locker einen Namen auf dem Markt machen können, zumal sich Beziehungen zu Verlegern, Galeristen und der Kunstmafia einstellten. Damals begriff er nicht, dass Kunstkritik und der Markt nach seriell Gefertigtem oder – vornehm ausgedrückt – formalästhetischer Wiedererkennbarkeit verlangten und nicht nach so etwas antiquiertem wie »Tiefe« oder einem proteushaft sich entwickelnden und verändernden »Genie«, wie noch in den Jahrhunderten zuvor und zuletzt bei den Expressionisten und Surrealisten. Hinzu kam, dass die Kunst für ihn so etwas wie ein »sakraler« Raum war, der unvereinbar war mit bloß mechanisch oder seriell Gefertigtem. Willaschek hatte also alle Voraussetzungen, erfolgreich zu sein, nutzte sie aber nicht. Er beteiligte sich zwar pausenlos an Gemeinschaftspräsentationen, sogar den renommierten im Hannoverschen und im Kölnischen Kunstverein, hatte eine sensationell gut, auch von der Presse, angenommene Einzelausstellung in einer Galerie, erhielt bei einem international ausgeschriebenen Wettbewerb für Freie Graphik immerhin den zweiten Preis, aber ... dann kroch Willaschek plötzlich in sich zurück, machte sich unsichtbar und verfiel in Depressionen, die ihn lähmten und zur Untätigkeit verdammten, und erlag immer wieder seinem anerzogenen Minderwertigkeitskomplex. Sein Vetter und Künstlerkollege OH Rath war ihm da keine Hilfe, denn der war noch um einiges schlimmer als RO, der seinen Cousin gern und ohne Bösartigkeit »den ungekrönten Obermeister der eleganten Phlegmatik« nannte.

Privat lief bei Willaschek in den Jahren des »Studierens« alles in relativ geordneten Bahnen, allerdings ohne große Finanzmittel, die bekanntlich das Leben so schön machen. Aber das störte kaum; das Nötigste – wie Comics, Bier, Zeichenmaterial und Zigaretten ließ man schon mal »mitgehen« oder sich spendieren. ROs Mutter, wie auch die Mutter seines Vetters, kamen regelmäßig und unaufgefordert zur radikalen »Grundreinigung« in das hundertzwanzig Quadratmeter große »Inferno«. Die hoch motivierten Damen schmissen die zwei »Hallodris« aus der Wohnung, die dann auch als »folgsame Söhne« jedes Mal hocherfreut das Weite suchten und prompt in der Eckkneipe landeten. So sorgten gleich drei Frauen – die ständig schimpfende Katwin Kantoni und zwei entschlossene und energiegeladene Mütter – dafür, dass die »Herrschaften« nicht gänzlich verkamen.

RO lernte in der Zeit seines Studiums und auch später wichtige Zeitgenossen kennen, – ohne diese Begegnungen für sein Fortkommen zu nutzen, wie es jeder einigermaßen vernünftige Jungkünstler getan hätte. Zu ihnen zählten so illustre Persönlichkeiten wie die bereits erwähnten Gaston Bart-Williams und Jürgen Klauke, Joseph Beuys, Michael Buthe, Urs Lüthi, Klaus Kinski, Wulf Herzogenrath, Ingo Kümmel, Holger Czukay, Ingrid Oppenheim, C. O. Paeffgen, Manfred Schoof, und wie sie alle hießen. Willaschek hingegen hörte diesen Persönlichkeiten einfach zu und beobachtete sie – immer mit der bohrenden Frage im Hinterkopf, ob er einer von ihnen war oder nicht. Zu sehr empfand er seine Verwurzelung im bildungslosen Proletariat und die damit einhergehende »Obergrenze« des an sozialem Aufstieg gestatteten, von großen Erfolgsträumen als Künstler ganz zu schweigen. ROs religiöse Ader stempelte ihn in der »gottlosen« Szene ebenfalls zum Außenseiter. So stand er also in einem Spannungsfeld voller Widersprüche, die sich zu einem nervenzehrenden Spiel namens *Ich gegen Wider-Ich* summierten, das nicht zu gewinnen war.

Rumänien II

Im Sommer 1973 führte eine zweite Reise RO in die »andere Welt« der Karpaten – mit seiner damaligen Freundin, Katwin Kantoni, und seinen Eltern, die diesen Trip wie schon beim ersten Mal finanzierten. Mit einem uralten Ford 12M – für 100 DM billig erworben – ging es wieder todesmutig auf die lange Reise durch Deutschland, Österreich und Ungarn nach Rumänien in den geheimnisvollen Wälder der nordöstlichen Karpaten.

Unvergesslich war der »Höllentrip« durch die nahezu unheimlichen Karpaten, das die Reisenden fast das Leben gekostet hätte. Dank der damals immer noch entsetzlichen Beschilderung verfuhr sich Willaschek und landete nachts auf einem besseren Wanderweg, aus dem es kein Zurück mehr gab. Man konnte nicht wenden, da links die Berge steil in die Höhe ragten und rechts, neben der viel zu engen »Straße« aus gestampftem Lehm, ein reißender Bergfluss vorbei donnerte. Das wäre alles nicht so schlimm gewesen, wenn nicht auch noch ein Orkan getobt hätte. Wassermassen prügelten geradezu auf das Auto ein und man sah trotz der Finsternis ganze Hütten die Abhänge herabstürzen und in den angeschwollenen Wasserfluten verschwinden.

Bei der Weiterfahrt musste RO mehrmals aussteigen und den vom Fluss überspülten Weg in der Finsternis durchwaten, um zu prüfen, und ob er noch befahrbar war. Im Schritttempo ging es die ganze Nacht hindurch, und es war nicht einfach, als Fahrer die Nerven zu bewahren, da Katwin und Stiefvater Max nur ängstlich jammerten und alle Sekunden lang aufschrien. Mutter Otti hingegen war die Ruhe selbst und betete voller Vertrauen zu ihrem Gott.

Sie überlebten das Inferno in den Schluchten … und am frühen und heller werdenden Morgen – der Orkan hatte sich plötzlich in Nichts aufgelöst – gelangten sie tatsächlich in Dornei Vatra, dem Geburtsstädtchen der Mutter, an. Die wenigen Menschen vor den ersten Häusern, die die Wahnsinnigen aus der Schlucht über den besseren Waldweg herankommen sahen, trauten ihren Augen nicht, hielten sie an und palaverten aufgeregt rumänisch mit ROs Mutter. Diese wunderbaren, einfachen Menschen dankten ihrem orthodoxen Gott lauthals, bekreuzigten sich mehrmals hintereinander und hielten die Reisenden allesamt für gottgesegnet und von den Engeln beschützt. Dem wollte Willaschek damals kaum widersprechen. Dass sie überlebt hatten, erschien ihnen im Nachhinein tatsächlich wie ein Wunder, denn in den Zeitungen stand Tage später, dass es womöglich der schlimmste Orkan seit Menschengedenken war und es zu mehreren Toten in den Schluchten der Bergkette gekommen war.

Die vier Reisenden sollten dennoch über vier Wochen lang eine wunderbare Zeit haben. Sie wohnten bei Uza, einer Schulfreundin der Mutter, in einem mit Volkskunst überladenden Holzhäuschen, besuchten wieder die in das Unesco-Weltkulturerbe aufgenommenen Moldau-Klöster, durchstreiften die Wälder, wobei sie einige Wölfe beobachten konnten und spannende Menschen kennenlernten. Menschen, wie sie in Westeuropa scheinbar ausgestorben sind. So zum Beispiel ein altes Ehepaar, mit denen Mutter Willaschek in der Jugendzeit eng befreundet war. Die Vier aus dem Westen suchten stundenlang in den Bergen, bis sie schließlich die reizenden und außergewöhnlich schönen Alten fanden. Diese lebten kinderlos in einem selbst gebauten massiven Holzhaus und bewirtschafteten ein Stück steil abfallendes Feld mit Kohl, Paprika, ultrascharfem Peperoni, Tomaten, Mais und sogar Roggen. Sie hatten außerdem ein paar Schafe und Ziegen und waren somit Selbstversorger. RO war erstaunt, als er erfuhr, dass die wettergegerbten Menschen adventistische Zigeuner waren, die vor Zeiten aus ihrer Sippe ausgestoßen wurden, weil sie sich für einen anderen Glauben entschieden hatten. Das Erstaunlichste aber war ein schwerer alter LKW-Motor sowjetrussischer Herkunft, der vor dem Haus überdacht und auf Böcken angebracht war. Von dem Motor ging ein großer Treibriemen zu einem kleineren Gewinde, das wiederum einen kleineren Treibriemen durch eine Öffnung ins Haus zu noch einem kleineren … Schließlich führte ein dünner Lederriemen in der abenteuerlichen Werkstatt zu einem schmalen Handapparat, in dem eine Nadel steckte. Ein bequemer Sessel stand inmitten des Raumes und war – der Besuch wollte es nicht glauben – der Patientensessel der wohl ungewöhnlichsten Zahnarztpraxis Europas! Der herrliche alte Mann hatte sich ohne jede Geldinvestition eine Praxis aus Schrottteilen gebaut und wurde, wie die Willascheks später von Anderen erfuhren, schnell zum geachtetsten und beliebtesten Zahnarzt in der Gegend. Seine Plomben, so erfuhr man, wären die stabilsten überhaupt und er würde absolut schmerzfrei behandeln. RO entdeckte die verschiedensten Apothekerfläschchen auf einem der vielen Regale in der »Praxis« und wollte gar nicht wissen, was sie enthielten. Nicht eine Stunde Ausbildung hatte der Mann, auch keine Lizenz für seine gut gehende Praxis; die kommunistische Bürokratie reichte scheinbar nicht bis auf den Berg in den unzugänglichen Karpaten.

Diese Menschen strahlten eine innere Zufriedenheit aus, die RO zutiefst beneidete – auch die so offensichtliche, *andere Intelligenz*, die wie selbstverständlich einen lebendigen Gott mit einbezog – machte ihn und auch seine Freundin Katwin ziemlich nachdenklich. RO Willaschek erkannte, dass es neben der Kunst, der permanenten Nabelschau, Reputation und Kapitalanhäufung auch andere Dinge gibt, die zu einem erfüllten und reichen Leben taugen.

Ebenso erging es der glamourösen Katwin an seiner Seite. Die eher materiell ausgerichtete, stets in teurer und schriller Mode rumlaufende Dame, die auf jeder High-Society-Party New Yorks hätte Aufsehen erregen können, wollte das bitter arme Rumänien mit seinen wundervollen Menschen nicht verlassen. Sie weinte lange bitterlich an der Grenze zu Ungarn und war fast die gesamte Rückfahrt über in sich gekehrt. Katwin Kantoni, die mit perlender Stimme und klingendem Lachen ganze Gesellschaften unterhalten konnte, war für Tage verstummt …

RO überlegte ernsthaft, irgendwann zurückzukehren ins Land seiner Vorfahren mit seinen Mythen und Märchen – vielleicht sogar für immer; zurück in das Land, in dem er nicht nach dem Äußeren beurteilt wurde, sondern als Mensch unter Menschen gesehen und behandelt wurde.

Rumänien sollte aber – dank ignoranter Medien – in das Gedächtnis Westeuropas ausschließlich eingehen als hoffnungslos verarmtes Land voller Aberglauben und Kriminalität, – nicht aber als die Mitwiege der kulturellen Avantgarde des 20. Jahrhunderts mit ihren großen Philosophen wie Emil Cioran und Mircea Eliade, dem Dramatiker Eugène Ionesco, der das Theater revolutionierte, Tristan Tzara, dem »Großmogul« des DaDaismus, der unter anderem das erfand, was später einmal »Performance« hieß; Dichter und Schriftsteller wie Paul Celan, Rose Ausländer, Mircea Dinescu, Marcel Janco, Mircea Cărtărescu, Herta Müller, Oskar Pastior, den Willaschek noch kurz vor dessen Tod erleben und sprechen hören durfte und so unfassbar viele noch, die man hier aufzählen könnte. Hinzu kommen noch die Erneuerer der Musik, wie Béla Bartók und György Ligeti aus dem ungarischen Teil Rumäniens, und nicht zuletzt einer der bedeutendsten Bildhauer des 20. Jahrhunderts, Constantin Brancusi.

Die westliche Kultur profitiert immer noch von den außergewöhnlichen Persönlichkeiten aus der vergessenen Ecke im Osten Europas, verknüpft das Land aber meist nur – außer mit Rückständigkeit und Armut – mit einem größenwahnsinnigen Diktator stalinistischer Prägung und seiner *Securitate* – dem grausamen Geheimdienst; den Straßenkindern von Bukarest und den Gangsterbanden, die westeuropäische Straßen und Städte unsicher machen, und nicht zuletzt natürlich mit dem Schwachsinn vom angeblichen Vampirfürsten aus Transsilvanien, den man dank eines irischen Schriftstellers in der gesamten Welt als *Dracula* zu kennen glaubt und der die Rumänen selber, schon wegen der Dracula-Touristen, nur nervt.

Nach der Rückkehr in die Bundesrepublik musste man sich erst einmal wieder an die Sterilität und die glatten, sauberen Oberflächen in den Städten sowie in den Köpfen ihrer Bewohner gewöhnen. Das war nicht so einfach, und RO ging seiner Umgebung noch lange mit seinen Berichten aus der anderen Welt auf die Nerven.

Die Beziehung mit Katwin fand Monate später ein voraussehbares Ende, Gott sei Dank in gegenseitigem Einvernehmen und ohne großes Bedauern. Sie waren zu verschieden in ihren Ansprüchen, die durch noch so viele lautstarke tägliche Auseinandersetzungen nicht wegzubrüllen waren.

Gegen Ende des Studiums, man schrieb bereits das Jahr 1976, traf RO in der Mensa der angeblichen Künstlerschmiede Kölns eine junge, äußerst geheimnisvoll völlig in Schwarz gekleidete Künstlerin, die ihm von da an nicht mehr aus dem Sinn ging. Monate später traf er sie wieder. Sie sollten über dreißig Jahre zusammenbleiben und drei wunderbare Kinder zusammen haben.

Die mysteriöse Dame aus der Mensa bekleidete, neben ihrer Immatrikulation an der Fachhochschule für Kunst und Design eine Stellung als *Fachbereichsleiterin Kunst und Literatur* an einer Volkshochschule im Kölner Umland und vermittelte kraft ihres Amtes dem ständig klammen RO Kurse in *Freie Kunst* und *Freier Photographie*. Überraschend stellte sich heraus, dass Willaschek gut Wissen vermitteln konnte. Seine Kursteilnehmer jedenfalls schienen angetan von seiner *speziellen*, sprich: unkonventionellen Didaktik. In den VHS-Ateliers wurde geraucht, was das Zeug hielt und auch schon mal einige Biere getrunken. In heutiger Zeit gutmenschlicher Korrektheit undenkbar. Die Schüler aber lernten unglaublich schnell, befreiten sich von ästhetischen Scheuklappen, experimentierten lustvoll, und ein jeder entwickelte tatsächlich *seine* Bildsprache. Einem Kursteilnehmer, der zufällig auch Verwaltungsdirektor dieser Volkshochschule war und die Geschicke des Unternehmens ebenfalls unorthodox, aber effizient, leitete, blieb dies nicht verborgen. Er sollte noch eine wichtige Rolle in ROs Leben spielen.

Die neue Frau im Leben Willascheks zog zu ihm in die Gilbachstraße, nachdem OH Rath zu der seinigen in das feine Rodenkirchen abgewandert war und … eine Wandlung vollzog. Otmar Raths Frau Annette war offensichtlich mehr bei den Schönen und Reichen zu Hause als in der Kunst und besaß in Rodenkirchen eine Edelboutique für Schickimicki-Klamotten und Schuhe vom Feinsten. Rath mutierte innerhalb kürzester Zeit fast zu einem Snob, fuhr bald stilsicher einen flaschengrünen Jaguar und schnitt schließlich die Verbindung zu seinem Vetter ab – ganz im Sinne seiner kleinen, aber wohl resoluten Frau, die keine emotionale Konkurrenz zu dulden schien, schon gar nicht von »nichtsnutzigen« armen Künstlern. OH Rath warf seine Begabungen erst schleichend, dann restlos in den Mülleimer, um sich fortan vollständig feiner, sündhaft teurer Kleidung sowie handgearbeiteter Schuhe *Made in Italy* zu widmen. RO war mehr als traurig über den Bruch, denn er liebte ihn wie einen Bruder.

Die L.A.P., die Uni und die neue Frau

Sein Staatsexamen legte RO Willaschek ab mit einer surrealen Photosequenz, für die er die Höchstnote erhielt. Er hatte nun die Hochschulreife erlangt und konnte seinen alten Traum verwirklichen: die Universität zu besuchen. Er schrieb sich in Köln an der Philosophischen Fakultät ein, um Theater-, Film- und Fernsehwissenschaften zu studieren. Als Nebenfächer belegte er Musikwissenschaft und Ethnologie.

Schon seit geraumer Zeit sollte das stehende Bild für ihn ein infrage gestelltes Relikt aus den vorigen Jahrhunderten sein, als es den Film – das laufende Bild und auch die Photographie – noch nicht gab. So war es nur konsequent, dass Willaschek, der eine große Affinität zu Theater und Film besaß, sich auch diesem widmete.

Das Studium begann mit Vorlesungen über das Theater Shakespeares und Thomas Middletons. Für die Musikwissenschaften belegte er einen Französisch-Kurs, da Sekundärliteratur überwiegend nur in dieser Sprache existierte. Es machte ihm riesigen Spaß. Der Spaß sollte aber nur kurz sein, denn das Zusammenleben mit der neuen Liebe trug Früchte und die Dame wurde schwanger. Panik war angesagt, da die werdende Mutter ihren Job aufgeben musste und die Finanzen gegen Null tendierten. RO sah sich gezwungen, Weichen zu stellen, um seine zukünftige Familie – sie schlossen den Bund fürs Leben – zu ernähren. Also exmatrikulierte er sich und – stürzte in ein Tief. Das ließ die zukünftige Mutter entweder völlig kalt, oder sie bekam es nicht mit. Spätestens da hätte er wach werden und ahnen müssen, dass sie nichts von dem, was ihn direkt betraf, verstand oder verstehen wollte. Aber er liebte diese ungewöhnlich egozentrische Frau. Sie brachte es sogar fertig, die *Chimäre Britta* in seinem Kopf auszulöschen.

Detlev Rymus, sein Freund aus alten Tagen, erging es ähnlich. Seine neue Freundin Christa war zeitgleich – als hätte man es abgesprochen – ebenfalls schwanger. Rymus, der ehemalige Klischeeätzer, hatte sich in der Firma Fein zu einem exzellenten Lithographen entwickelt, ebenso wie Willaschek, der durch das »Springertum« während des Studiums in seinem alten Beruf als Reproduktions- Photograph neue Erfahrungen machen durfte. Der Entschluss, diese Kenntnisse zu vereinen und eine eigene Firma zu gründen, lag nahe und man gründete 1977 die L.A.P., die *Light Art Productions GmbH* Köln, in einem leer stehenden Hinterhofgebäude in der Neußerstraße. Das Konzept, in dem die riesigen Räume eine Doppelfunktion besitzen sollten, stand von Anfang an fest. Zum einen sollten sie zur Produktion lithographischer Filme für die Printmedien dienen, zum anderen als Atelier, in dem die beiden sich künstlerisch austoben konnten. Eine kleine Reprokamera, Entwicklerbecken und das nötige Equipment wurden billig organisiert und man legte los. Das Konzept ging vorerst auf, denn die Kunst stand für lange Zeit in einem stimmigen Verhältnis zu laufenden Aufträgen, die Geld einbrachten. Die Firma lief bestens und man hatte interessante Kunden, vorwiegend aus dem Kunstbereich. Gab es Leerlauf in der Produktion, wurde Kunst gemacht, Projekte konzipiert oder mit zufälligen Besuchern ohrenbetäubende Musik produziert. Man holte befreundete Künstler zu sich in das größtenteils leer stehende Gebäude wie den kürzlich verstorbenen Maximilian Krips, Gugu Ernesto und C.O. Paeffgen, die irgendwann das gesamte Hinterhaus mit belebten.

Schließlich gründete man eine Künstlergruppe mit Peter Gilles, Detlev Rymus, RO Willaschek plus neuer Liebe und anfänglich noch OH Rath. Die Gruppe nannte sich *smash* und »wühlte« im Kunstgeschehen Kölns ordentlich mit. Man zelebrierte reihenweise Performances und Aktionen, drehte experimentelle Kurzfilme und organisierte Ausstellungen. Bei den Performances in Kunstvereinen, Galerien und auch einmal im Kölner Opernhaus floss oft das Blut von Peter Gilles, das er sich lustvoll »abzapfen« ließ; RO ließ dazu seine Gitarre dröhnen, dass den Zuschauern die Ohren abzufallen drohten. Einmal aß er in der Kölner Oper, im feinen Anzug auf offener Bühne, Stücke aus einem zwei Meter großen Kreuz. Ein anderes Mal, bei einer Veranstaltung des Brühler Kunstvereins, brüllte RO, elektronisch bis zum Anschlag verstärkt, alle 30 Sekunden innerhalb eines halben Tages über eine mit einem Monitor verbundene Kamera sich selbst an. Diese Aktion wurde auch im III. Programm des WDR gezeigt. Bei einer abendfüllenden Performance von *smash* in der Hahnentorburg des Kölner Berufsverbandes Bildender Künstler wurde zum Finale das Publikum mit zwei gefüllten Müllsäcken entsetzlich stinkender Innereien aus dem Schlachthof beworfen. Zusätzlich wurden sie mit Blut aus der Vene von Gilles »beglückt«. Das war eine ultimative *Publikumsbeschimpfung*. Smash rechnete bewusst mit einem Skandal, Schlägerei, Anzeige und Reinigungskosten. Nichts von all dem geschah. Das feine und kulturbeflissene Publikum ging stinkend und mit versauten Klamotten von dannen und war sichtlich angetan von dem Spektakel. Spätestens da begann man über Sinn und Zweck von spektakulären Auftritten durch *smash* ernsthaft zu reflektieren.

Das für RO Willaschek wohl außergewöhnlichste Erlebnis jener Tage war aber die Teilnahme am legendären Musik-Zirkus des weltberühmten Avantgarde-Komponisten John Cage. RO hatte die große Ehre, unter den Auserwählten zu sein. Er spielte abwechselnd auf seinem Kornett und auf der verstärkten Gitarre mit über zwei- bis dreihundert Musikern *Die absolute Improvisation* im riesigen Zelt des *Zirkus Krone*, mit voller Hingabe und Begeisterung. Jeder der Musiker bearbeitete sein Instrument oder sang solo einfach in die Töne der Anderen hinein. Sogar zwei komplette Chöre waren anwesend. Die Musik hörte sich an wie das Tosen eines vom Sturm gepeitschten Meeres, in dessen Mitte man sich glücklich wähnte! Es war ein akustischer Höllentrip ohne Drogen – unvergleichbar schön und bedrohlich zugleich!

Ein anderes Mal spielte er mit Bernd Ackfeld (Acki), Heinz Zolper jr. und Manni Löhe den ultimativen Rock'n' Roll in den ehrwürdigen Hallen der Sammlung Ludwig in Aachen. Dieser dröhnende Improvisationsauftritt war schräg, aber gigantisch. Weniger gigantisch war der Tod Mannis nur zwei Tage nach dem spektakulären Auftritt. Er erstickte während eines Trips an seinem Erbrochenen.

Diese Zeit war spannend, aber sie sollte schnell vorübergehen. Die technische Revolution durch Computerisierung und Digitalisierung erwischte die L.A.P. mit ihrer analogen Gerätschaft voll und nahezu unerwartet. Die kleine Spezialfirma, die mittlerweile aus fünf Personen bestand, war quasi über Nacht nicht mehr konkurrenzfähig. Maschinen, Kameras und Gerätschaften, die sich in der Lithoanstalt befanden und einen Wert von weit über einer halben Million DM darstellten, waren plötzlich nichts mehr wert. Die Kunden wanderten zu meist neugegründeten Firmen ab, die sich der neuesten Technologie bedienten und wesentlich preisgünstiger arbeiten konnten. In Köln begann das Sterben des graphischen Gewerbes. Allein 1979 gingen dreizehn Firmen in Konkurs, die sich Investitionen in Millionenhöhe nicht leisten konnten, darunter solche, die über hundert Jahre alt waren – wie die altehrwürdige Firma Fein –, die als kulturelle Institutionen die Stadtgeschichte mitgeprägt hatten.

Die L.A.P. hatte mittlerweile satte Schulden bei ihren Zulieferern. Ein Überbrückungskredit wurde von der Hausbank nur gegen eine Bürgschaft in Aussicht gestellt. Der äußerst vermögende Vater von ROs Kompagnon,

Detlev Rymus, wollte unter der Voraussetzung bürgen, dass seinem Sohn die Firma zukünftig alleine gehörte. Willaschek machte im Frühjahr 1980 bereitwillig und auch froh den Platz frei, denn er ahnte das kommende finanzielles Fiasko, das Detlev Rymus immer noch verhindern zu können glaubte.

Im Winter 1976, sein erstes Kind war unterwegs, heiratete Willaschek, damit der neue Erdling nicht, wie sein Vater, »Bastard« geschimpft werden würde. Am 12. Mai 1977 kam Rebecca zur Welt. Am 8. Oktober 1978 folgte Sohn Ion Felix, denn beide Eltern wollten kein Einzelkind großziehen.

Es schien alles in bester Ordnung … eben bis zum geschilderten Zusammenbruch der Firma und ROs erzwungenem Ausscheiden aus der L.A.P. 1980.

Die Situation war katastrophal mit zwei Kleinkindern, einem Beruf, den es faktisch nicht mehr gab und einem abgeschlossenen Studium, das scheinbar völlig umsonst war. Wovon sollten sie leben?

Da stand eines Morgens der Retter in der Tür: Es war ein ehemaliger Schüler aus dem Fotografie-Kurs, aber in seiner Funktion als Verwaltungschef einer Volkshochschule. Lachend verkündete er, dass er nur auf die Pleite der L.A.P. gewartet habe, um RO als Fachdozent für den Kunstbereich in sein Institut einzukaufen. RO hatte nicht die geringste Ahnung von Verwaltung und nur wenig von Pädagogik. Er hasste zudem seit je die Bürokratie. Nun sollte ausgerechnet er ein Verwaltungsfuzzi werden? Es blieb ihm keine Wahl und er schluckte die gewaltigste Kröte seines Lebens. Immerhin schien es die finanzielle Rettung für die kleine Familie zu sein. Die Willaschecks zogen also weg aus dem geliebten Köln in die Kleinstadt, in der die VHS ihren Sitz hatte.

Damit endet dieser Werdegang eines seltsamen Künstlers und außenseiterischen Menschen …

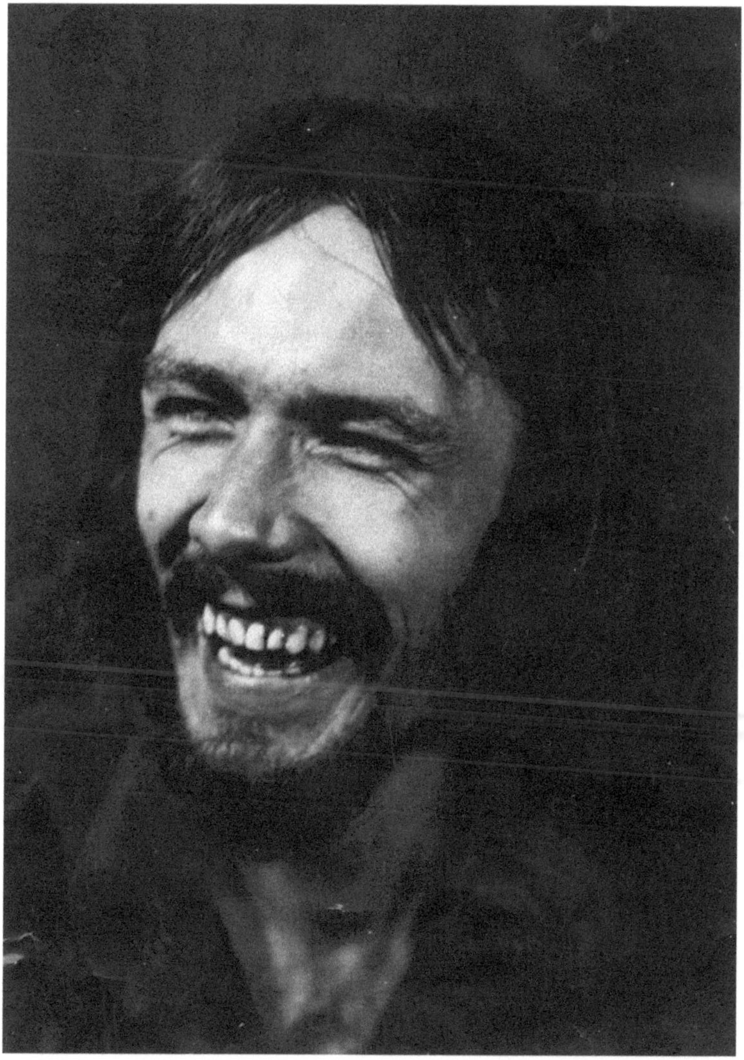

RO Willaschek 1980

Epilog

Willaschek begann seine völlig neuartige Tätigkeit im Mai 1980 als Fachdozent, wurde später sogar Fachbereichsleiter. Er sollte diesen Job bis 2008 ausfüllen, um dann vorzeitig in Rente gehen zu können. In dieser Zeit sollte er in der Provinz kulturell viel bewegen, weiterhin Kunstwerke schaffen und diese auch ausstellen, in einigen Filmen, darunter auch in Berlin, als Darsteller mitwirken und seine Gedichte vorlesen. Man bewohnte nacheinander insgesamt drei Einfamilienhäuser und fünf Jahre lang einen alten Bauernhof im Siebengebirge, wo am 2. Juli 1984 Elisha Matthias zur Welt kam. Es war die glücklichste Zeit der nun sechsköpfigen Familie – Hund Janny mitgezählt.

Wie es so ist, wenn das Leben und seine Lasten größer sind als die Schultern der Menschen breit, wurde mit ROs Verrentung im Jahre 2008 auch die zerrüttete Ehe geschieden. Nur zwei Jahre später, 2010, lernte Willaschek auf einer Vernissage eine liebreizende Koreanerin kennen, die ihn mit ihrem feinen poetischen Ausdruck in Text und koreanisch traditioneller Musik auf sich neugierig machte. Bald siedelte er zu ihr ins tiefste Sauerland in ein fürs Alter viel zu großen Haus mit ebenso viel zu großem Garten. Es wurde geheiratet und für *beide* war es das zweite Mal. Schließlich zogen sie, Namyeun Choy und RO, in ein altersgerechteres Häuschen nach Oer-Erkenschwick, in der Nähe von Recklinghausen und Dortmund.

Und so lebt RO Willaschek endlich das Leben, das er längst nicht mehr zu hoffen gewagt hatte: Ein Dasein, das vorwiegend bestimmt wird durch Kunst, Literatur und Musik – in einer neuen, intensiven und liebevollen Beziehung zu einem wunderbaren Partner. Leider sehr spät. Aber wie heißt es so banal und doch so richtig? Besser spät als nie. Und wenn sie nicht gestorben sind …

Bitte beachten Sie auch
die Buchhinweise auf der nächsten Seite

Weitere Titel von RO Willaschek

Der Mann in Rot
Rheinischer Kunst-Krimi
300 S., großformatiges Paperback
www.choraverlag.de
ISBN 978-3-929634-73-0

Alles beginnt mit einer Ohrfeige, die dem Ehekrach des einstmaligen Traumpaars Fabian und Silvia Görtz ein schlimmes Ende setzt. Silvia Görtz knallt gegen die Wand, Fabian glaubt, sie sei tot. Von der Lage vollkommen überfordert, braust er auf seinem schweren Motorrad los – nur weg! Als er Stunden später wieder nach Hause kommt, sitzt seine Frau in stilisierter Pose, geschminkt und bemalt, einen Meter vor der Wand, auf der mit Blut ein Kreuz geschmiert ist. Kurz darauf meldet sich Maiky Börnster telefonisch bei Fabian, der alte Studienkollege, und eine Geisterbahnfahrt durch das Grauen beginnt.

Kommissar Rüttgersbusch, der sich als Fan des französischen Krimiautors Léo Malet nur »Nestor Burma« nennen lässt und Logik und Intuition zu einer eigenwilligen Ermittlungsmethode vereint, muss mit seinem urigen Kölner Kollegen- und Kolleginnenhaufen dem hochintelligenten Psychopathen, für den Silvia Görtz nur eine Studie mit dem Beigeschmack später Rache war, das böse Kunsthandwerk legen, bevor dessen Allmachtsfantasien noch mehr Opfer fordern.

Gärten der Unlust
Gedichte • mit Illustrationen des Autors
Verlag Rote Zahlen
ISBN 978-3-936625-29-5

Kinderblutbriefe
Gedichte & lyrische Prosa • mit Photographien des Autors
Verlag Rote Zahlen
ISBN 978-3-944643-42-7

Caligari & Cesare
Ein lyrischer Abgesang in zehn Strophen
Verlag Rote Zahlen
ISBN 978-3-944643-63-2